Diabolo

Diabolo – spielend lernen

Todd Strong

edition aragon

Fotonachweis:
Bahman Fotodesign: Titelbild und Seite 7

10. Auflage 1996

Lektorat: Willi Klauke
Übersetzung: Paul Keast, Gabi Keast
Zeichnungen: Linda Gilligan-Rivera
Satz: Focus, Gießen
Druck: MZ-Druck, Memmingen
ISBN 3-89535-406-6

Zum Autor:

Todd Strong ist einer der Direktoren der “International Juggling Association”. Lange Zeit unterrichtete er an der Zirkusschule in Frankreich, besonders Devil Stick und Diabolo.

Heute kann man sagen, daß es Todd gelungen ist, sowohl den Devil Stick als auch das Diabolo neu in der heutigen Jonglierszene zu etablieren. Todd ist Autor zahlreicher Zeitungsartikel und Bücher zum Thema Jonglieren

Inhaltsverzeichnis

Vorwort

Herzlichen Glückwunsch zum Kauf dieses Buches, und vielen Dank für dein Interesse an Diabolos. Vor 10 Jahren hat das Diabolo angefangen, mich zu faszinieren und seitdem spiele ich ständig damit herum. Ich bin sicher, daß auch du bald vom Diabolofieber ergriffen sein wirst.

Denjenigen, die noch nie etwas von dem Diabolo gehört haben, will ich erklären, was es ist. Bei diesem Spiel geht es darum, die Schnur, die zwischen den Handstöcken gespannt ist, dazu zu benutzen, das Diabolo drehen zu lassen und es zu manipulieren. Das geschieht, indem man die Schnur unter der Achse des Diabolos entlang zieht, und es so zum Rotieren bringt.

Du kannst leicht kontrollieren, wie gut du das machst, wenn du schaust, ob sich das Diabolo ruhig dreht oder ob es wackelt. Eine gute Form ist glatt und rund. Die chinesischen Diabolos haben außerdem Klanglöcher, so daß sie pfeifen, wenn sie schnell und richtig gedreht werden. Einen guten Diabolospieler kannst du nicht nur sehen, sondern auch hören.

Übrigens, Diabolospiel ist eine der wenigen Jongliertechniken, die nicht symmetrisch sind. Das heißt, es gibt bei diesem Spiel eine definitive Dominanz der rechten oder linken Hand. Da die meisten Leute, die Diabolo spielen, zunächst mit der rechten Hand antreiben (obwohl ich Linkshänder bin, habe ich zuerst gelernt, das Diabolo mit rechts anzutreiben), ist das Buch rechtshändig geschrieben. (Ihr Linkshänder seid das ja gewöhnt!)

In diesem Buch wird oft von »hoch«, »runter« und »links« die Rede sein. Manche Tricks funktionieren nur in die eine Richtung. Andere sind in einer bestimmten Weise erklärt, weil die meisten es leichter finden, diese Version zu lernen. Experimentiere. Wenn dir eine andere Herangehensweise besser liegt, versuche es so. Verstehe dieses Buch als Anregung. Wenn du einen neuen Einfall oder eine neue Variante weißt, würde ich gerne davon hören.

Pete Seeger vergleicht ein Liederbuch mit der Fotografie eines fliegenden Vogels. So schön das Bild sein mag, es kann nur eine Ahnung von der Schönheit eines fliegenden Vogels vermitteln. Er rät, die Lieder in dem Buch zu singen, um sie zum Leben zu erwecken. Stelle dir dieses Buch als Liederbuch für Diabolo vor. Wenn du mit diesen Ideen das Diabolo zum Fliegen bringst, wird die Magie sichtbar.

Jochen Schell

Achtung!

Dies ist eine gute Methode, einem absoluten Anfänger beizubringen, wie man ein Diabolo andreht. Denke nur an die rechte Hand, damit du nicht mit der Koordination der Arme und des Diabolos durcheinander kommst. Da du nicht sofort den richtigen Rhythmus haben wirst, treibe das Diabolo mit extrem kleinen schnellen Ruckbewegungen an.

Erstes Kapitel

Wissenswertes

Bevor wir mit dem Diabolo beginnen, wollen wir einige allgemeine Begriffe und Anweisungen klären, um uns verständigen zu können.

Ein Diaboloset besteht aus zwei Handstöcken, die mit einer Schnur verbunden sind, und dem Diabolo, diesem zweirädrigen Ding mit Achse.

Die Schnur sollte so lang sein wie die Entfernung zwischen deinem Kinn und deinen Zehen. Natürlich kannst du sie auch länger oder kürzer machen, wenn du willst. Ich empfehle – der besseren Kontrolle wegen – sie eher kürzer als länger zu halten. Ich benutze das Kinn-Zeh-Maß für ein Diabolo und nehme eine kürzere Schnur, wenn ich mit zwei Diabolos spiele.

Es gibt die unterschiedlichsten persönlichen Vorlieben, was die besten

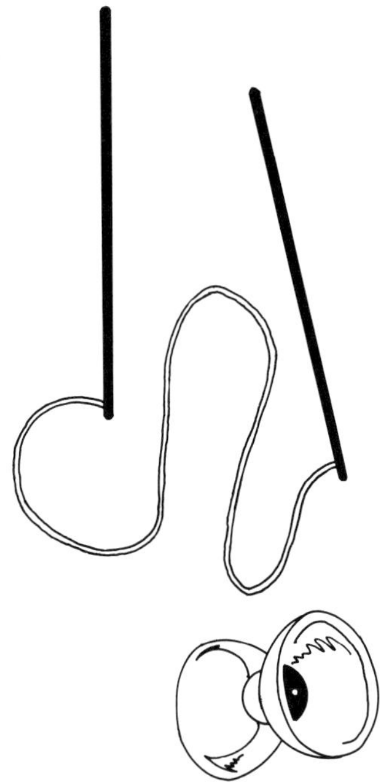

Schnüre angeht. Ich nehme dünne Nylonschnur mit einer festen Flechtung, die ich austausche, wenn sie dreckig oder ausgefranzt ist. Das scheint bestens zu funktionieren.

Eine traditionelles chinesisches Diabolo besteht aus einer Achse mit zwei Rädern statt Halbkugeln. In die hohlen Räder sind Klanglöcher geschnitten, so daß das Diabolo pfeift, wenn es sich dreht.

Glossar

Halte in jeder Hand einen Handstock und lege das Diabolo vor dir auf die Mitte der Schnur.

Wenn wir deinen Körper senkrecht in zwei Hälften teilen, haben wir eine rechte und eine linke Seite. Deine rechte Hand hält den rechten Handstock. Stelle dir zwei senkrechte Ebenen vor, die durch deine Arme laufen und dich in drei teilen. Zwischen deinen Händen ist die Innenzone, während die zwei anderen die rechte und linke Außenzone bilden.

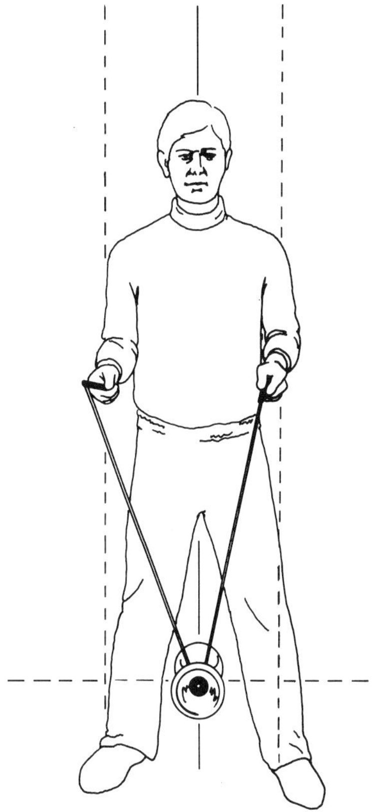

Eine waagrechte Linie durch die Achse des Diabolos schafft ein Oben und ein Unten.

Und stelle dir vor, du stehst vor einer Wand und beide Handstöcke berührten die Wand. Das ist die »Wandebene«. Behalte die Vorstellung der Wandebene immer im Kopf. Sie steht im rechten Winkel zu deiner Blickrichtung und läuft durch die Enden deiner Handstöcke. Die meisten Diabolotricks passieren in dieser Wandebene.

Die »Startposition« siehst du auf dem Bild. Das Diabolo ist genau vor dir, etwas unterhalb der Taille.

Antreiben des Diabolos

Kann's losgehen? Ich werde verschiedene Antriebsmethoden für das Diabolo beschreiben. Jede funktioniert, und sie widersprechen sich nicht. Probiere alles aus, um zu sehen, welche dir liegt. Es ist gut, wenn du eine Lieblingsmethode hast. Wenn du alle Methoden benutzt, hilft es dir, ein Gefühl für das Diabolo zu bekommen.

Wichtig!
Das Diabolo dreht nur in eine Richtung. Entweder im Uhrzeigersinn (linkshändig) oder gegen den Uhrzeigersinn (rechtshändig). Obwohl ich Linkshänder bin, drehe ich das Diabolo rechtshändig. Die Beschreibungen in diesem Buch beziehen sich auf das rechtshändige Antreiben. Ihr Linkshänder seid es gewöhnt, die Dinge herumzudrehen, wenn ihr linkshändig Antreiben wollt.

Lege das Diabolo auf die Schnur und rucke mit deiner rechten Hand schnell auf und ab. Mache sehr kleine und schnelle Bewegungen. Deine linke Hand bewegt sich nicht. Bevor du es merkst, wird sich das Diabolo von dir aus gesehen gegen den Uhrzeigersinn drehen. Ziehe weiterhin mit kleinen, schnellen, ruckartigen Bewegungen der linken Hand.

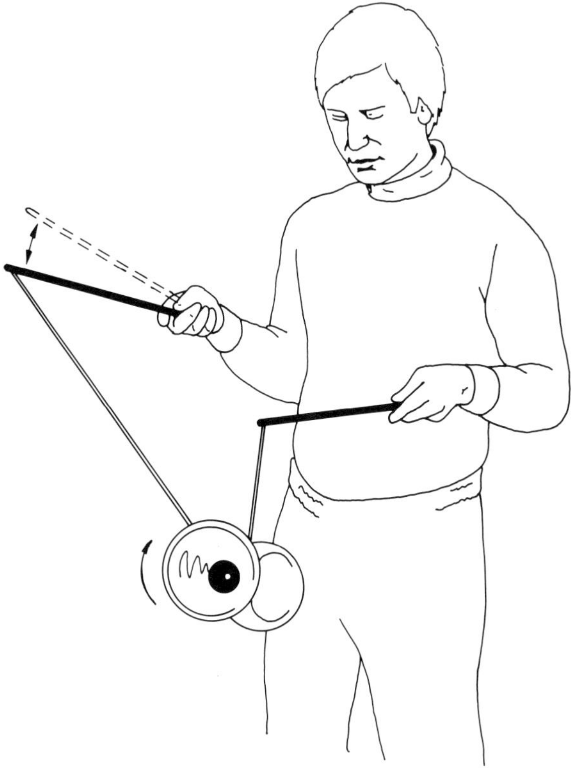

Wenn du an der Schnur ruckst, dreht sich das Diabolo gegen den Uhrzeigersinn und es fliegt etwas hoch. Wenn du deine rechte Hand schnell herunternimmst, fällt das Diabolo herunter. Sobald das Diabolo zurück auf die Schnur fällt und diese spannt, ist es Zeit, mit deiner Hand wieder hochzurucken und weiter anzutreiben.

Eine zweite Antriebsmethode

Die Handstöcke zeigen zu Beginn auf den Boden, so daß die Schnur in der Wandebene auf dem Boden liegt. Das Diabolo sollte sich neben der Spitze des rechten Handstocks über die Schnur spreizen.

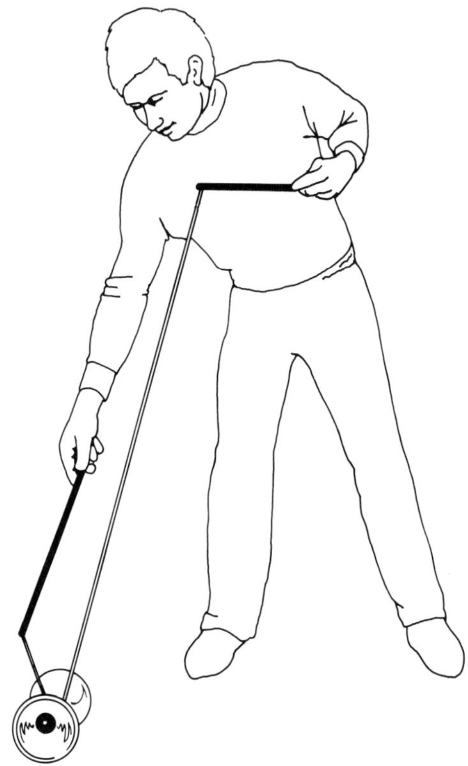

Der Start vom Boden

Hebe die rechte Hand und den Handstock gerade hoch, so daß die Schnur rechts vom Diabolo das Diabolo zur anderen Seite rollen läßt. Wenn sich das Diabolo dem linken Handstock nähert, mußt du beide Hände hochnehmen, damit sich die Schnur und das Diabolo vom Boden heben.

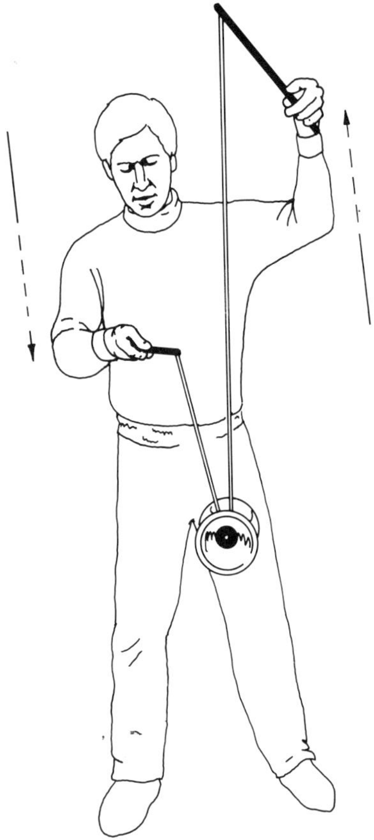

Die Ausholbewegung

Nun muß die Position der Schnur so geändert werden, daß das Diabolo in der Nähe des rechten Handstocks landet. Das entspricht einer Ausholbewegung.

Dafür mußt du die Schnur so unter der Achse des Diabolos entlangziehen, daß das Diabolo neben dem rechten Handstock landet. Wenn du dabei die rechte Hand schneller nach unten bewegst als die linke nach oben, rutscht die Schnur unter der Achse entlang und bremst die Drehung nicht.

Die Antriebsbewegung

Die Antriebsbewegung treibt das Diabolo an und bringt es zum linken Handstock. Dazu hebst du deinen rechten Handstock langsam genug, damit die Schnur die Achse erfaßt und sie gegen den Uhrzeigersinn dreht.

Der Bewegungsrhythmus lautet: ziehen-nachgeben, ziehen-nachgeben. Das

Ziehen ist die Antriebsbewegung, das Nachgeben ist die Ausholbewegung. Zum Antreiben hebst du die rechte Hand so langsam an, daß die Schnur das Diabolo erfaßt und es zum Drehen bringt. Denke an einen Keilriemen, der einen Flaschenzug zieht. Zum Ausholen geht deine rechte Hand so schnell nach unten, daß die Schnur nicht an der Achse hängen bleibt und das Diabolo nicht gebremst wird. Die Antriebsbewegung dauert länger als die Ausholbewegung. Das Timing ist etwa ziiiiehen-nachgeben, ziiiiehen-nachgeben.

Konzentriere dich auf deine rechte Hand. Benutze dein rechtes Handgelenk, um die Schnur hoch und runter zu rucken. Die linke Hand sollte sich, wie bei der ersten Technik, fast nicht bewegen. Die Antriebsbewegung hebt das Diabolo etwas nach oben und dreht es gegen den Uhrzeigersinn. Während der Ausholbewegung fällt das Diabolo mit der Schnur, so daß sie nicht an der Achse reiben kann, was die Drehung verlangsamen würde.

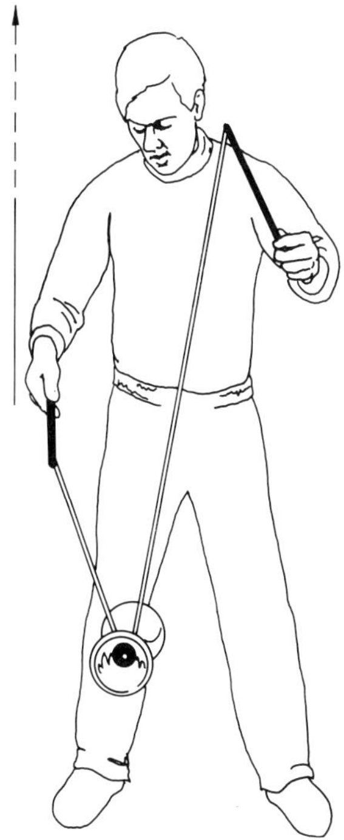

Ein paar Gedanken

Die Bewegung des Diabolos ist kreiselartig. Sobald es sich dreht, ist es sehr stabil. Am schwierigsten ist es, das Diabolo vom Stand anzutreiben. Ein sich schon drehendes Diabolo in Schwung zu halten, ist viel einfacher als es in Gang zu bringen.

Wenn du jemanden kennst, der schon Diabolo spielen kann, laß dir von ihm das Diabolo antreiben und übernehme die Handstöcke, wenn das Diabolo stabil ist. Sobald du das Gefühl dafür hast, das Diabolo in Schwung zu halten, wird dir der Anfang auch leichter fallen.

Variationen durch Umschlingen der Achse

Manche Leute ziehen es vor, die Schnur ganz um die Achse zu schlingen statt nur halb, wobei das Diabolo nur auf der Schnur liegt. Du gewinnst mehr Kontrolle, aber läufst auch Gefahr, daß sich das Diabolo in der Schnur verknotet und unkontrolliert zu deinem linken Handstock schnellt. Wenn es dir passiert, weißt du, was ich meine. Um das Davonlaufen zu vermeiden, mußt du die linke Hand etwas von der Wandebene und die rechte Hand etwas dahinter plazieren, so daß sich die Schnur nicht selber behindert. Außerdem mußt du die Spannung der Schnur beachten. Sie sollte nicht zu stramm sein.

Manche machen eine halbe Schlinge, aber verdrehen zur besseren Kontrolle dann noch einmal die Schnur. Das Diabolo dreht sich dann von dir aus gesehen im Uhrzeigersinn statt gegen den Uhrzeigersinn. Versuche alle Variationen und finde die beste für dich.

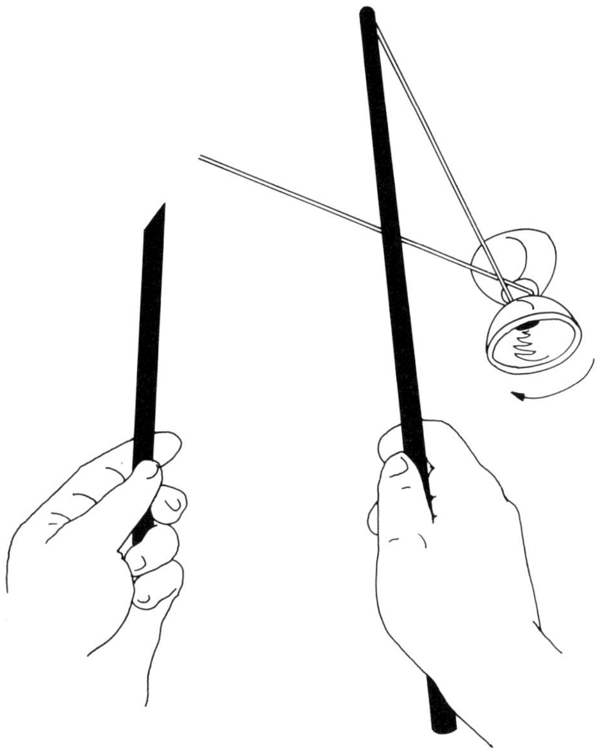

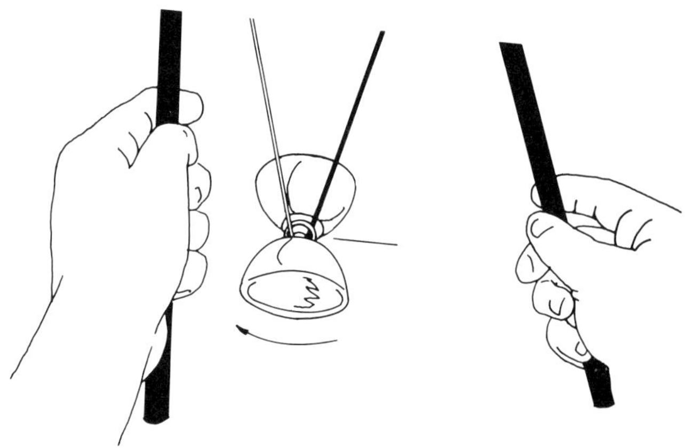

Das Ausfeilen der Bewegung

Sobald du das Antreiben beherrschst, solltest du deine Technik ausfeilen. Statt daß dein Handgelenk auf und abruckt, sollte die Bewegung aus der Schulter und dem ganzen Arm kommen. Der linke Arm sollte sich abwechselnd mit dem rechten bewegen. Trotzdem muß bei der Antriebsbewegung die linke Hand langsam genug herunter gehen, wenn sich die rechte hebt, um die Spannung der Schnur zu halten, die das Diabolo andreht. Bei der Ausholbewegung bringst du die rechte Hand genauso schnell herunter, wie du die linke hebst, so daß die Schnur ohne Bremswirkung unter der Achse entlanggleitet.

Eine gute schnelle Drehung ist das Ergebnis eines langen, schnellen Zuges. Je schneller du jeden Zyklus beendest, desto stabiler wird das Diabolo. Und je länger der Zug ist, je mehr Schnur du dafür benutzt, desto schneller dreht es sich. Die Kombination dieser beiden Techniken – Schnelligkeit und Länge – gibt die besten Resultate. Denk daran: lange, schnelle und gleichmäßige Züge.

Die Korrektur des Kippens

Beim Drehen des Diabolos können zwei Probleme auftreten. Das erste ist, daß das Diabolo aus der horizontalen Ebene umkippt; d. h. das Vorderrad ist höher als das Hinterrad.

Korrigiere dieses Kippen, indem du die antreibende Hand (rechte Hand) horizontal verschiebst. Das Vorschieben der rechten Hand über die Wandebene hinaus bringt das Vorderrad herunter und das Hinterrad wieder nach oben. Umgekehrt: das Zurückziehen der rechten Hand hebt das Vorderrad und senkt das Hinterrad.

Du kannst auch beobachten, wie sich die Schnur unter der Achse bewegt. Wenn beide Hände in der Wandebene sind,

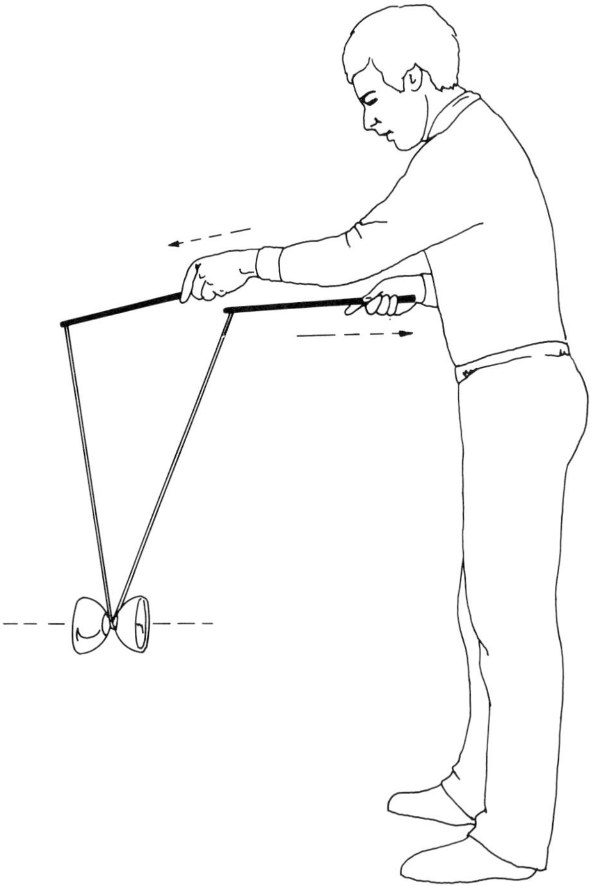

befindet sich die Schnur im 90°-Winkel zur Achse des Diabolos. Wenn die rechte Hand vor oder hinter der Wandebene ist, läuft die Schnur diagonal zur Achse.

Ich bin der Meinung, daß die Schnur links von der Achse das Kippen bewirkt. Wenn die Schnur auf der linken Hälfte des Diabolos diagonal zur Achse läuft, zieht es das Rad hoch. Wenn du die linke Hälfte der Schnur zurückbewegst (rechte Hand nach vorne), kommt das Hinterrad hoch. Bewege die linke Hälfte der Schnur vorwärts (rechte Hand nach hinten), dann geht das Vorderrad hoch.

Es könnte natürlich auch an der Schnur rechts von der Achse liegen. Wenn ich meine Katze streichle, reibt sie gegen meine Hand, nicht davon weg. Vielleicht ist es so.

Verwirrt? Frage einen Physiker. Glücklicherweise müssen das nur meine Hände wissen, nicht mein Kopf. Spiele damit, deine Hände vor und zurück zu bewegen und das Diabolo am Laufen zu halten und du wirst verstehen, was ich meine.

Das Diabolo verdreht sich

Das zweite Problem, das auftauchen könnte, ist folgendes: Das Diabolo beginnt, sich von dir wegzudrehen. Nimm es nicht persönlich, das ist bei Kreiseln normal. Vielleicht ist dein Diabolo etwas unausgewogen.

Aber auch wenn dein Diabolo ausbalanciert ist, gibt es Momente, wenn es sich von der Position, in der du es haben willst, wegbewegt. Wenn du z. B. in einer Show das Diabolo herumdrehen möchtest, damit es zum Publikum zeigt, gibt es einige Techniken, die das ermöglichen, ohne daß du das Diabolo anhalten und von vorne beginnen mußt.

Du kannst den rechten Handstock benutzen, um das Diabolo herumzuschieben. Wenn du die Spitze des rechten Handstocks gegen das hintere Rad stößt, wird sich das Diabolo gegen den Uhrzeigersinn drehen. Wenn du die rechte Hand vor die Wandebene bringst und das

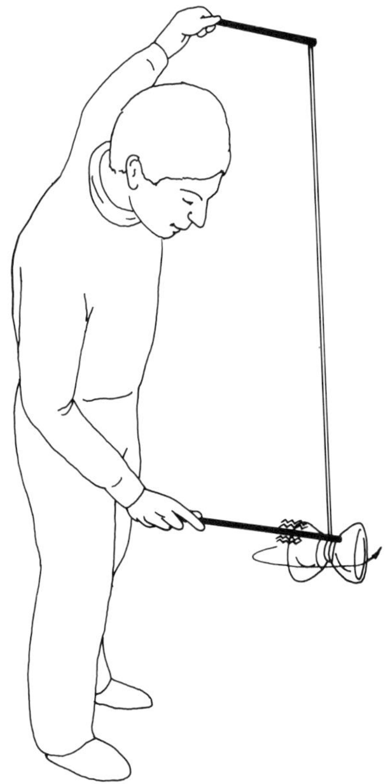

Vorderrad antippst, wird sich das Diabolo im Uhrzeigersinn drehen. Die Vorderradkorrektur finde ich am einfachsten, wenn ich mein Handgelenk umdrehe.

Achtung!
Wenn du mit zwei Diabolos spielen möchtest, solltest du gleich lernen, das Handgelenk bei der Vorderradkorrektur nicht umzudrehen. Gewöhne dich nur an ein leichtes Antippen mit der Spitze des Handstocks und mache keine komischen Haltungsänderungen mit dem Handgelenk. Mit zwei Diabolos wirst du dafür keine Zeit haben.

Benutze nicht zuviel Druck. Das Diabolo hat die Tendenz, bei dieser Bewegung aus der horizontalen Ebene zu fallen. Sollte das passieren, mußt du deine rechte Hand vor oder zurücknehmen (je nachdem, was nötig ist), um es zur Horizontalen zurückzubringen. Sobald du die Position korrigiert hast, kannst du mit der Show fortfahren.

Diese Korrektur ist ziemlich kompliziert. Denke nicht, daß du sie beherrschen mußt, bevor du weitere Tricks lernst. Merke dir nur, daß du immer parallel zum hinteren Rad stehen und herumlaufen mußt, wenn sich das Diabolo wegdreht, um die richtige Orientierung zu behalten.

Das Auswuchten des Diabolos

Manchmal gerät das Diabolo aus der Balance. Das erkennt man daran, daß das Diabolo dich zwingt, dich im Kreise zu drehen. Das nennt man, glaube ich, »Präzession«. Der Name ist nicht wichtig, aber man muß das Problem erkennen und beheben können.

Während sich die meisten damit abgefunden haben, hinter dem Diabolo herzulaufen, um immer hinter dem Diabolo zu stehen, ist es für den professionellen Diabolospieler sehr peinlich, wenn er seine Show plötzlich mit dem Rücken zum Publikum machen muß. Vielleicht wurde deshalb die runde Zirkusmanege erfunden.

Auf jeden Fall ist es ganz einfach, das Diabolo wieder in die Balance zu bringen. Es funktioniert so ähnlich wie das Auswuchten eines Autoreifens, was ja nicht verwunderlich ist, es sind ja beides Räder.

Wenn dich dein Diabolo links herum zieht, ist dein Hinterrad schwerer als das vordere. Das Vorderrad muß mehr Gewicht bekommen. Wenn dich das Diabolo rechts herum zieht, ist das Vorderrad schwerer und das hintere sollte beschwert werden.

Ich nehme ganz normale Unterlegscheiben, um das entsprechende Rad zu beschweren. Schraube die Achse auf, lege die Scheibe ein und fertig. Manchmal muß man zwei oder mehrere Unterlegscheiben kombinieren, um die Balance hinzukriegen. Spiele ein bißchen damit herum, bis das Diabolo stabil ist.

Zweites Kapitel

Einführung in fortgeschrittene Tricks

Dieses Kapitel ist das Kernstück des Buches. Es braucht einige Zeit und Anstrengung, diese Tricks zu lernen, aber eigentlich ist das der Spaß daran. Du kannst dich auf Stunden voller Herausforderungen und Aufregung freuen. Wenn jeder dieser Tricks sofort perfekt zeigen könnte, gäbe es keine Herausforderung mehr und das Diabolo wäre langweilig. Anfängliche Fehlschläge, gekoppelt mit einer ständigen Verbesserung, haben mich zu neuen Tricks angespornt, die ich mir vor ein paar Jahren nicht vorstellen konnte. Auch jetzt verbringe ich mehr Zeit damit, an Tricks zu arbeiten, die ich nicht kann als an denen, die ich kann. Die richtige Einstellung heißt vielleicht: Fallenlassen ist gleich Lernen.

Die Tricks sind in der Reihenfolge angeboten, in der sie von den meisten Leuten gelernt werden. Indem du die Tricks am Anfang des Kapitels lernst, entwickelst du die Fähigkeiten, die du brauchst, wenn du später die schwierigeren versuchst. Zum Beispiel wäre es sehr schwer, wenn du dich an zwei Diabolos wagen wolltest, bevor du Sprünge gelernt hast.

Beginne am Anfang, aber warte nicht, bis jeder Trick perfekt sitzt, ehe du zum nächsten gehst. Es erweitert dein Verständnis für das Diabolo, wenn du an mehreren Tricks und Fähigkeiten gleichzeitig arbeitest. Das Vertrauen, das du mit der Arbeit an verschiedenen Tricks gewinnst, summiert sich, und du wirst ein besserer Spieler.

Es gibt einen Unterschied zwischen der Tiefe und der Breite des Lernens. Tiefe heißt, wie gut du einen Trick kannst. Breite heißt, wieviele verschiedene Tricks und Stile du beherrschst. Du solltest versuchen, Tiefe und Breite gleichzeitig zu verbessern. Strategien und Hinweise über die Arbeit mit dem Diabolo tauchen in den nächsten Seiten immer wieder auf. Die Arbeit an einer Technik hilft dir bei einer anderen weiter.

Ich meine, man lernt das Diabolospiel am besten, wenn man locker, entspannt und mit Spaß rangeht. Es ist besser, das Diabolo mehrmals am Tag kurz in die Hand zu nehmen, als einmal für eine längere Zeit.

Fordere dich selber heraus, bei jedem Üben besser zu werden, dann bleiben diese Stunden neu und aufregend.

Vielleicht möchtest du zu Musik üben. Ich bin mit meinem Training recht gewissenhaft und versuche, jeden Tag mindestens fünfundvierzig Minuten dafür zu finden. Wenn ich den Kassettenrekorder anmache, habe ich nicht nur Musik im Hintergrund, sondern auch eine eingebaute Uhr. Wenn das Training unterbrochen wird, schalte ich den Rekorder aus und erst wieder ein, wenn ich weitermache. Wenn das Band zu Ende ist, weiß ich, daß fünfundvierzig Minuten vorüber sind, ohne daß ich auf die Uhr schauen muß.

Werfen und Fangen

Nicht schlecht, Herr Specht! Du kannst das Diabolo schon ganz gut antreiben und einigermaßen in Schwung halten, und nun willst du etwas Ausgefallenes probieren. Ein faszinierender Aspekt des Diabolos ist, daß du damit fangen spielen kannst, entweder alleine oder mit einem Partner.

Um das Diabolo zu werfen, mußt du deine Arme nur auseinanderziehen und hochwerfen. Ziehe dafür die Hände zu beiden Seiten auseinander und zucke mit den Handgelenken nach oben. Je kräftiger du deine Arme auseinander bringst und je schneller du mit den Handgelenken zuckst, desto höher fliegt das Diabolo. So wird das Diabolo geworfen. Noch wichtiger ist das

Auffangen. Besonders wenn du jeden Trick während des Lesens gleich ausprobierst.

Um das Diabolo zu fangen, mußt du die Schnur gespannt halten und die rechte Hand vor dich über den Kopf halten. Strecke den rechten Handstock aus, so daß er deinen Arm und den Blick verlängert, ähnlich wie du einen Tennisschläger halten

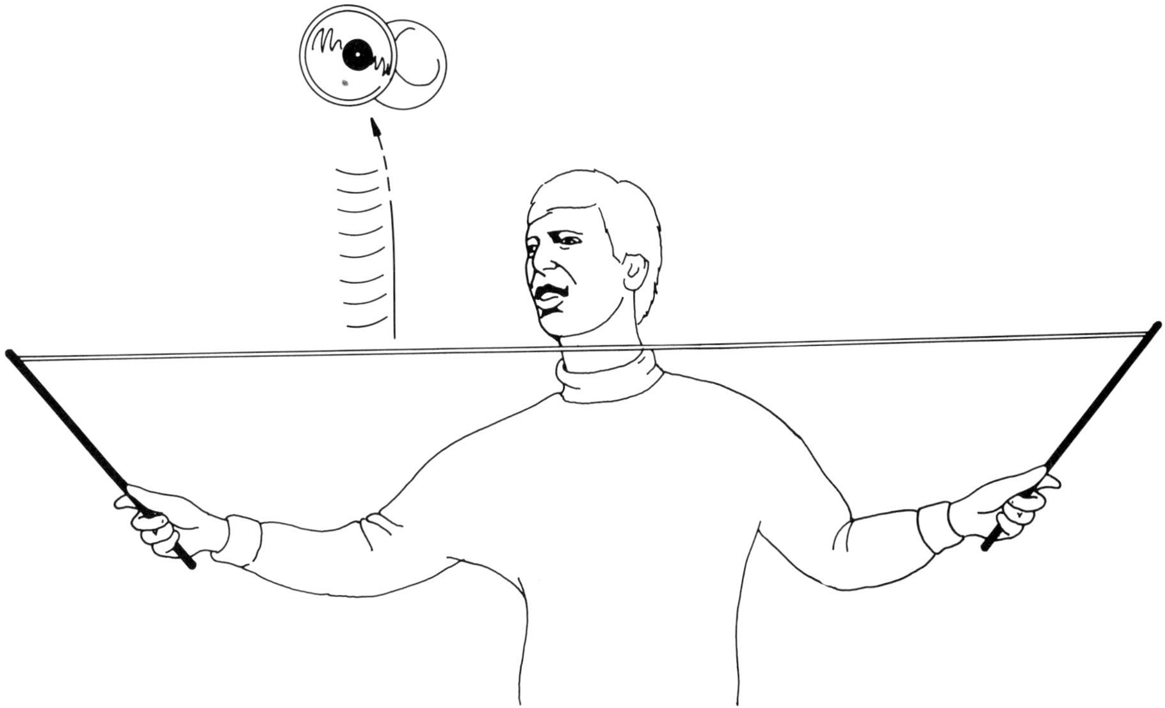

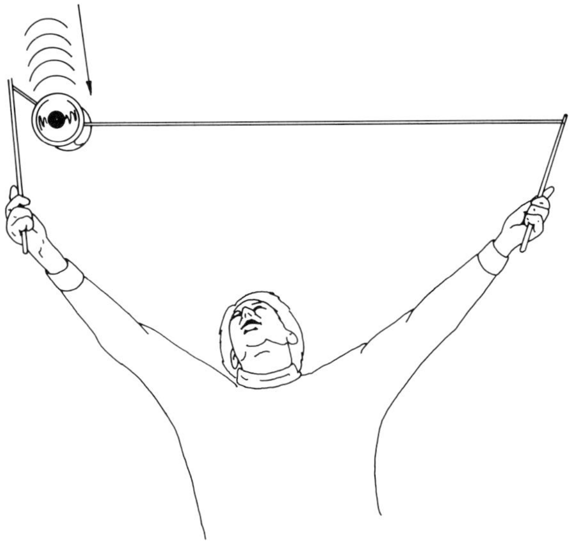

würdest. Fange das Diabolo auf der Schnur gerade neben der rechten Handstockspitze. Sobald das Diabolo auf der Schnur ist, mußt du den Fall abfangen, indem du die rechte Hand senkst und die linke hebst.

Es ist viel einfacher, das Diabolo neben dem Handstock als in der Mitte der Schnur zu fangen. Wenn du darüber nachdenkst, wird dies verständlich. Man fängt immer etwas in der Hand oder mit einer Verlängerung der Hand. Es gibt fast nichts, was man einen Meter rechts oder links von der Hand fangen würde. Nun kannst du deine langjährige Fangerfahrung einsetzen, um das Diabolo vor seinem rapide herannahenden Aufprall auf den Boden abzufangen.

Seilspringen

Wie oft kannst du über die Schnur springen, während das Diabolo in der Luft ist? Hier einige strategische Tips dazu: 1. Wirf das Diabolo hoch und genau, du willst nicht woanders hinrennen, um es zu fangen. 2. Spring schnell über die Schnur. Und 3. vergiß nicht zu fangen.

Fangen hinter dem Rücken

Statt die rechte Hand vor dich über den Kopf zu halten, halte sie hinter dich. Wenn du gefangen hast, drehst du dich einmal um die eigene Achse und du stehst wieder in der Startposition, ohne daß die Schnur verdreht ist.

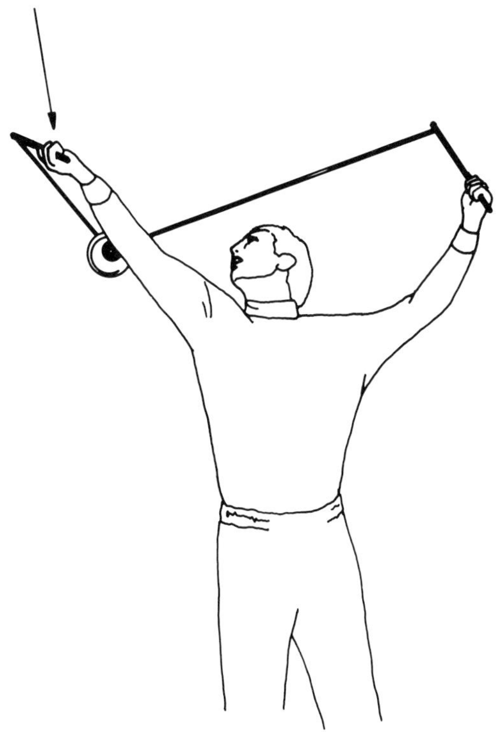

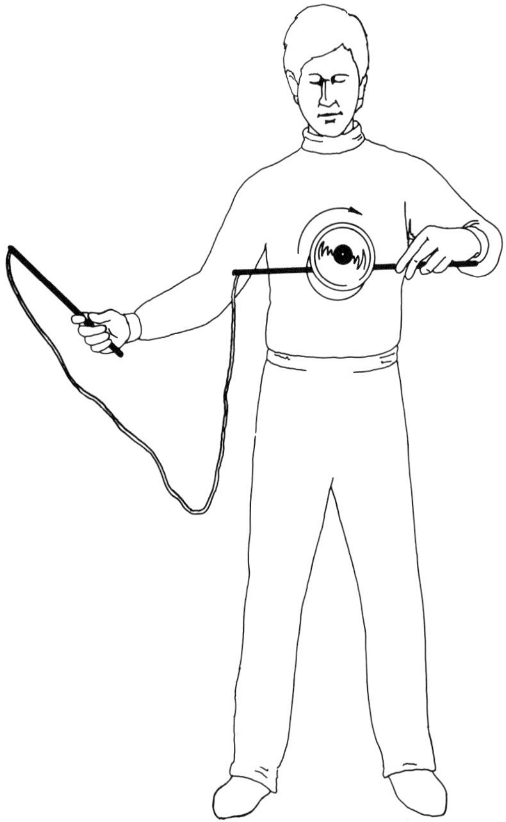

Fangen auf dem Handstock
Dreh dein Handgelenk um 90°, so daß der Handstock in der Wandebene liegt, und fange das Diabolo nicht auf der Schnur, sondern auf dem Handstock. Vorsicht: ein sich drehendes Diabolo hat die Tendenz, auf dem Handstock entlangzurollen. Kippe den Handstock etwas, damit es stabil bleibt. Um der Drehung entgegenzuwirken, mußt du mit der rechten Hand hochkippen, mit der linken Hand herunter.

Fangen auf gekreuzten Handstöcken
Verkreuze die Handstöcke vor dir und fange das Diabolo im Schnittpunkt der Handstöcke. (Tip: das ist viel einfacher, wenn die Handstöcke in einem engen Winkel von weniger als 45° stehen.) Wirf das Diabolo wieder hoch, spanne die Schnur über dem Kopf und fange es auf der Schnur auf, wo du es weiterlaufen läßt.

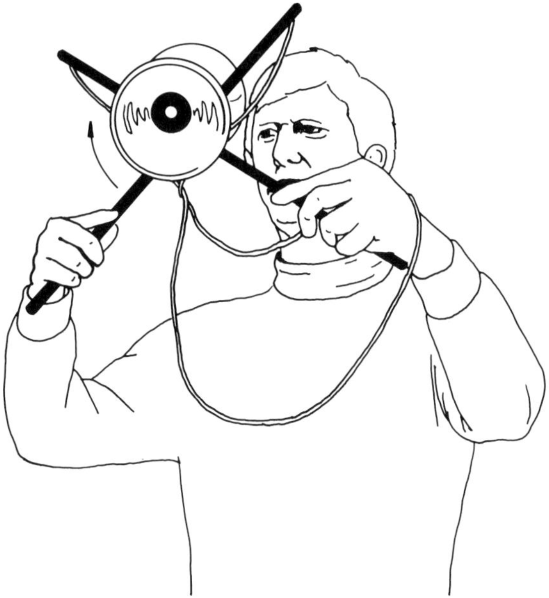

Dotzen

Halte die Schnur auch beim Fangen gespannt. Bewege die Schnur sofort nach oben, und das Diabolo spring in die Luft zurück. Mit der Übung schaffst du mehrere Dotzer hintereinander.

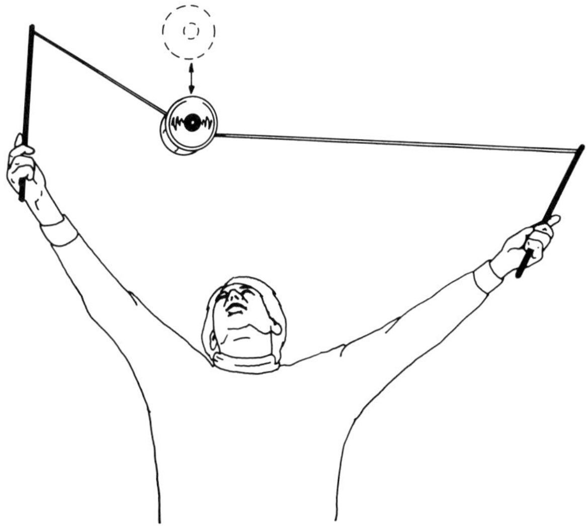

Endlose Würfe

Du kannst das Diabolo sogar während des Werfens antreiben. Wenn du deine rechte Hand höher als die linke hältst und das Diabolo am rechten Handstock fängst, bildest du mit der Schnur eine Rampe, auf der das Diabolo herunterrollen kann. Das Diabolo rollt auf der Schnur herab und bekommt so mehr Schwung. (Wenn du die linke Hand höher hältst, ist die Rampe verkehrt herum und das Diabolo wird langsamer.) Wenn das Diabolo beim linken Handstock ankommt, wirfst du es wieder in die Luft. Dirigiere den Wurf auch etwas mit der rechten Hand, um noch bis zur letzten Sekunde Schwung zu geben.

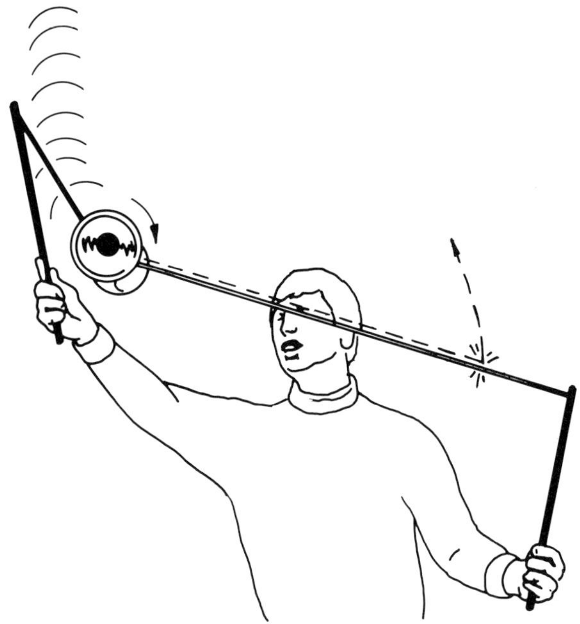

Die Schnur im Nacken

Nachdem du das Diabolo geworfen hast, legst du die Schnur um deinen Hals und drehst dich zur Seite in die Wandebene. Nun hast du die Wahl zwischen zwei Teilen der Schnur, auf der du das Diabolo fangen kannst.

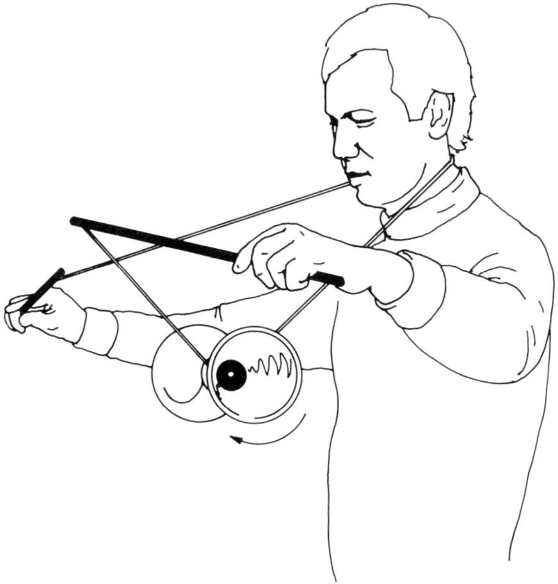

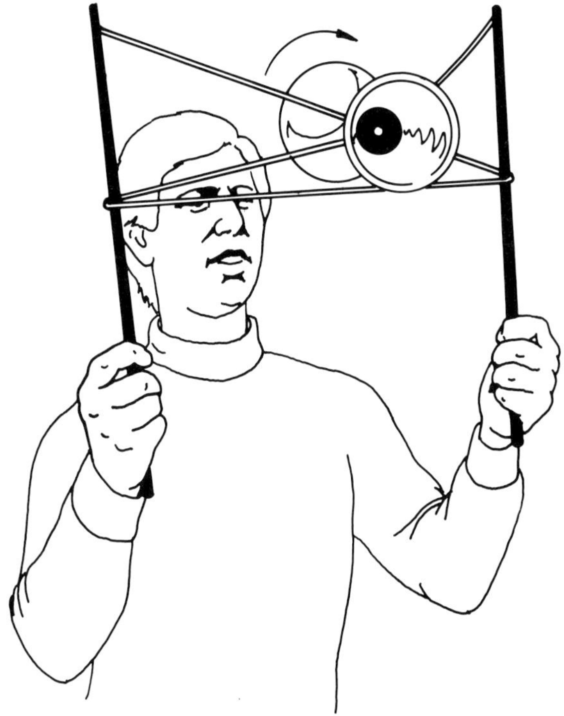

Hexenspiel

Während das Diabolo in der Luft ist, machst du mit der Schnur ein Hexenspielmuster.

Du führst dazu deinen rechten Handstock unter der Schnur, die von dem linken Handstock herabhängt, hindurch und schiebst ihn ca. 10 cm auf der anderen Seite heraus. Nun führst du deinen linken Handstock durch die große Schlinge in der

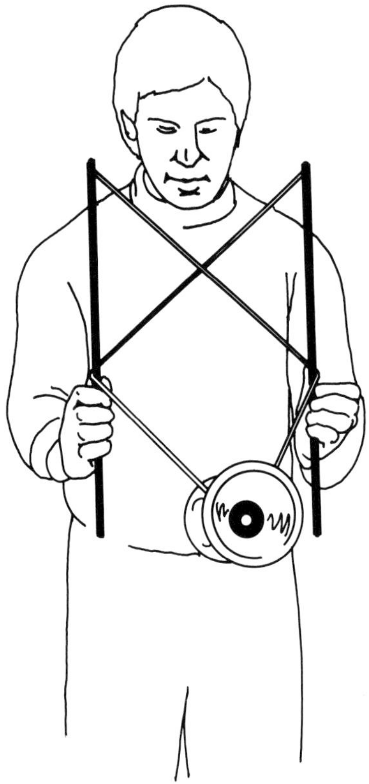

Schnur und schiebst ihn links heraus. Ziehe deine Hände auseinander. Die Schnur sollte jetzt so X aussehen, d. h. wie der unterstrichene Buchstabe X.

Halte die Handstöcke senkrecht und fange das Diabolo an dem Schnittpunkt des X. Oder halte die Handstöcke zu dir geneigt und fange das Diabolo auf der Unterlinie. Wirf es hoch, zeige mit den Handstöcken zum Boden (die Spitzen sind zueinander gewinkelt) und ziehe deine Arme auseinander, um die Schnur zu entwirren. Halte sie hoch und fange das Diabolo auf der entwirrten Schnur.

Pirouetten

Wenn du eine Pirouette drehst, während das Diabolo in der Luft ist, kommt das beim Publikum immer gut an. Wenn du eine zackige Pirouette drehen kannst, ohne daß dir schwindelig wird, ist es sogar einfacher als über die Schnur zu springen. (Hm, ob wohl jemand Seilspringen und gleichzeitig eine Pirouette drehen kann?)

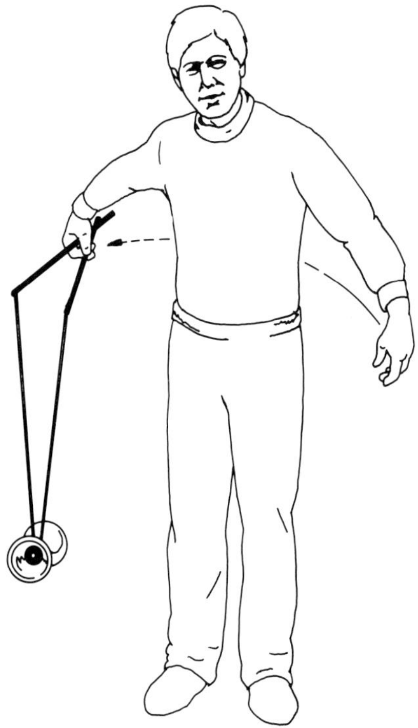

Hinter dem Rücken

Wenn das Diabolo einmal läuft, ist es sehr stabil. Das macht den nächsten Trick so einfach. Aber sag es nicht weiter. So lange die Leute das nicht wissen, werden sie beeindruckt sein.

Nimm den rechten Handstock in die linke Hand, so daß deine linke Hand beide Handstöcke wie ein V hält. Nimm die linke Hand hinter den Rücken und übergib genau hinter dem Rücken die Handstöcke in die rechte Hand. Die rechte Hand vollendet den Kreis nach vorne.

Wenn das schnell genug gemacht wird, wird das Diabolo sehr wenig Schwung verlieren und nach diesem Kunststück immer noch sehr stabil laufen.

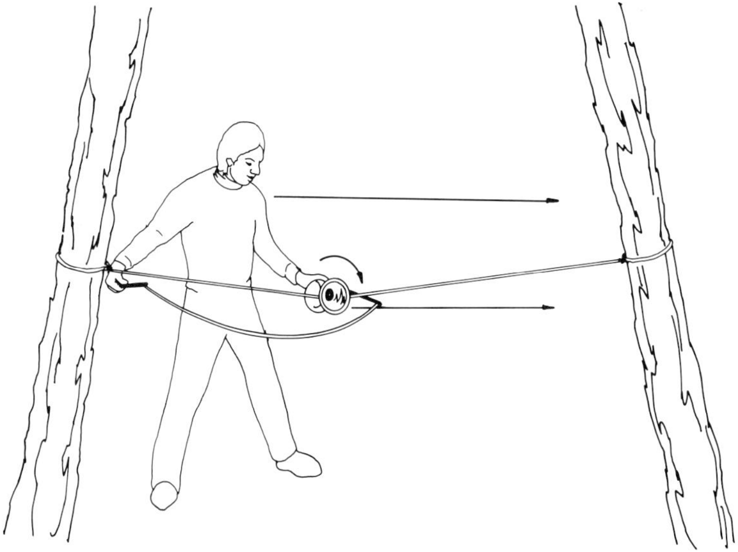

Seillauf

Spanne eine Schnur ca. 40 bis 90 cm über dem Boden zwischen zwei Bäume oder Pfosten. Wenn das Diabolo gut läuft, setzt du es auf diese horizontale Schnur und schaust zu, wie es zur anderen Seite läuft. Wenn du dich beeilst, solltest du mit dem davonlaufenden Diabolo mithalten und es wieder auffangen können.

Die Peitsche
Die Peitsche ist ein toller Trick. Sie ist nicht nur interessant anzusehen, sondern du kannst damit das Diabolo viel schneller und kräftiger antreiben als mit der Anfängermethode, und jetzt wird es richtig summen. Für die Tricks, die viel Schwung brauchen, ist die Peitsche mit ihrer Schnelligkeit genau die richtige Technik. Sie ist so früh in diesem Kapitel beschrieben, weil sich einige andere Tricks darauf beziehen. Aber du mußt die Peitsche nicht beherrschen, bevor du andere Tricks ausprobierst.

Um das Diabolo anzupeitschen, kreuze deine rechte Hand vor deinem Körper hin und her. Das treibt sowohl bei der Antriebsbewegung wie bei der Ausholbewegung an, so daß du die doppelte Geschwindigkeit erreichst. Bei der Anfängermethode bringt nur die Antriebsbewegung den Schwung, während die Ausholbewegung leer läuft. Bei der Peitsche treibt die Antriebsbewegung das

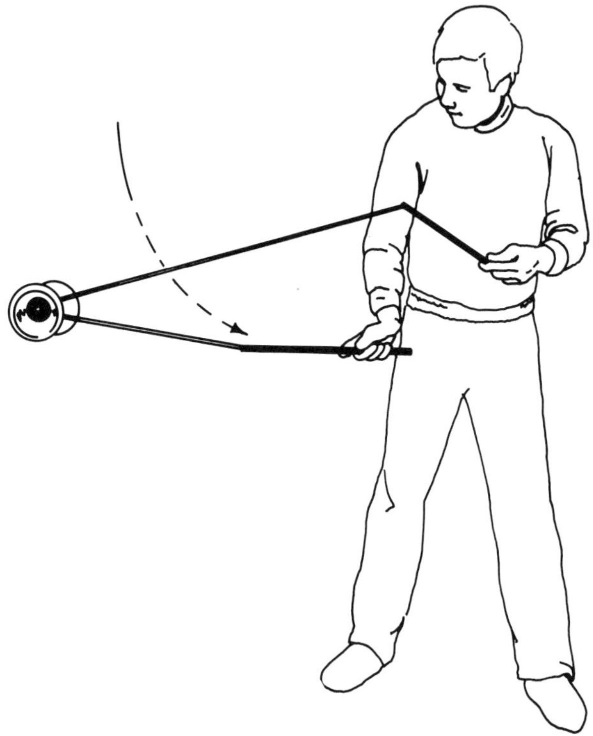

Diabolo an und auch die Ausholbewegung gibt Schwung für eine zweite Antriebsbewegung. Außerdem ist die Peitsche wirksamer und stärker als die Anfängermethode, so daß du mehr als doppelten Vorteil damit hast.

Die rechte Hand wird die meiste Arbeit leisten, während die linke an einem festen Punkt bleibt. Kreuze deine rechte Hand vor deinem Körper horizontal von rechts nach links. Diese Bewegung ist ähnlich wie die seitliche Wurftechnik, die einen flachen Stein über einen See hüpfen läßt. Wenn du willst, kannst du auch mit dem linken Bein in den Wurf hineingehen. Die Bewegung beginnt in der Schulter, geht weiter durch den Ellbogen und endet mit einem schönen, glatten Ruck des Handgelenks. Das wichtigste ist, daß das Handgelenk erst am Ende der Bewegung mitgeht. Das heißt, der rechte Handstock zeigt die ganze Zeit nach rechts, bis sich dein Handgelenk umdreht.

Auf dem Rückweg bringst du deine rechte Hand energisch in die Startposition zurück.

Du kannst fühlen, wie die Schnur das Diabolo dabei unter der Achse antreibt. Es führt deine Schulter, den Ellbogen und dann das Handgelenk. Der Handstock zeigt während der Aktion bis kurz vor dem Ende nach links.

Das Diabolo wird dabei von einer Seite zur anderen gepeitscht.

Halte die Handstöcke so, daß die Schnur in der gleichen Wandebene wie das Diabolo ist. Wenn die Schnur nicht in Position ist, wird das Diabolo aus der Schlinge herausspringen. Es braucht schon ein bißchen Übung, um zu erkennen, wohin das Diabolo fliegt und die Hände und die Schnur zu korrigieren, aber bleib dran.

Erinnerst du dich, wie du gelernt hast, das Diabolo nach dem Werfen aufzufangen? Hier ist es eigentlich das gleiche, nur etwas schwieriger, weil die Schnur zur Seite statt über den Kopf fliegt, weil sie locker statt gespannt ist und sich bewegt statt stillzustehen.

Bei der Peitsche gilt die gleiche Übung wie bei der Anfangsbewegung. Versuche schneller und gleichmäßiger zu werden.

Das Vorderrad des Diabolos hat beim Peitschen die Tendenz umzukippen. Um dieses Kippen auszugleichen, wenden wir wieder das bewährte Prinzip an, die rechte Hand vor oder hinter die Wandebene zu bewegen. Korrekturen machst du beim Zug, indem du deine rechte Hand, während du sie vor deinem Körper kreuzt, diagonal entweder nach vorne oder hinten bewegst.

Wenn das Diabolo hochkippt, schiebst du deine rechte Hand zur Seite und weit nach vorne. Ziehe so lange diagonal, bis das Diabolo ausgeglichen ist. Ich meine, die effektivsten Korrekturen kommen von einer starken Handbewegung. Deine rechte Hand kann entweder unter der linken Hand entlangziehen oder, wenn du vor dir diagonal korrigierst, auch darüber. Manche wechseln ab und ziehen einmal über und einmal unter der linken Hand entlang.

Wenn das Diabolo herunterkippt, ziehst du deine rechte Hand hinter die Wandebene zurück.

Es ist normal, daß das Diabolo in die eine oder andere Richtung kippt. Das abwechselnde Vorschieben und Zurückziehen hält das Diabolo recht stabil. Wenn es zu sehr zu einer Seite kippt, wiederholst du den entsprechenden Zug mehrmals, um es auszugleichen.

Klettern

Wenn das Diabolo einmal läuft und summt, kannst du es klettern lassen. Diese Tricks bringen die Verwandtschaft des Diabolos mit dem JoJo zutage. Denke daran, mit gutem Schwung zu beginnen.

Wickel die Schnur mit deiner rechten Hand und dem Handstock einmal ganz um die Achse des Diabolos. Die rechte Hand sollte genau unter deiner linken landen, die Schnur sollte eine gerade, senkrechte Linie bilden. Das Diabolo wird gerade über dem rechten Handstock in der Schlinge der Schnur festgehalten.

Ziehe deine rechte Hand sanft etwas nach unten, und das Diabolo wird an der Schnur heraufklettern. Erstaunlich! Das geschieht so: Wenn du deine rechte Hand herunter ziehst, ziehst du die Schlinge fester und erhöhst die Reibung zwischen der sich drehenden Achse des Diabolos und der Schnur. Das Diabolo hat nun genug Halt, tatsächlich an der Schnur hinaufzuklettern. Das Diabolo bleibt dabei in der Schlinge, und die Schlinge wandert auf und ab.

Wenn du zu fest nach unten ziehst, bremst du den Schwung des Diabolos, es wird langsamer und hält an. Wenn du nicht fest genug ziehst, entsteht nicht genug Reibung, um das Diabolo klettern zu lassen. Wie immer solltest du den goldenen Mittelweg zwischen den beiden Extremen finden.

Beginne mit einer schnellen Drehung. Indem du die Spannung der Schnur veränderst, kannst du das Diabolo dazu bringen, zu klettern, anzuhalten, zurückzufallen und wieder heraufzuklettern. Schließlich wird das Diabolo so langsam, daß du die Schlinge öffnen mußt, um wieder anzutreiben.

Du kannst das Diabolo auch über den linken Handstock hinüberklettern und auf der anderen Seite herunterfallen lassen. Die Schnur wird dabei verdreht, und du mußt entweder einmal um das Diabolo

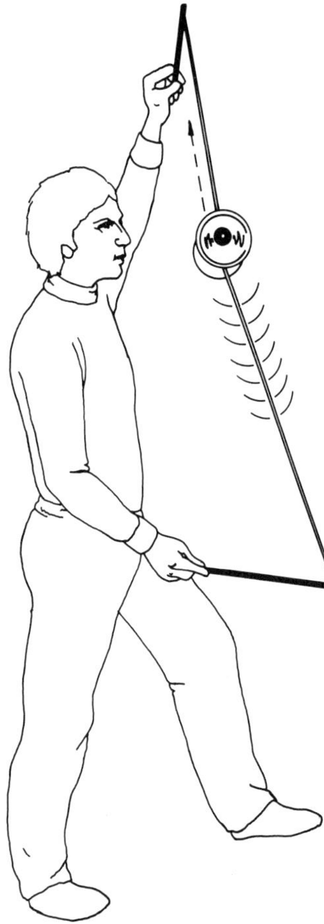

herumlaufen oder die Handstöcke zweimal vertauschen.

Bringe deine rechte Hand vor die Wandebene, über die Spitze des linken Handstocks hinaus, und drehe dein Handgelenk zu dir. Nun ist die Schlinge der Schnur um den vorderen Teil des Diabolos gelegt. Das Diabolo kann nun über den linken Handstock laufen, ohne daß sich die Schnur verdreht. Wenn du den linken Handstock etwas nach unten richtest, wenn das Diabolo ankommt, kann es leichter hinüberklettern.

Hexenleiter

Allein für diesen Trick lohnt es sich, dieses Buch zu kaufen. Die Chinesen nennen ihn übrigens »Gurkenstock klettern«.

Mache das Hexenspiel, während sich das Diabolo dreht, so wie es in dem Kapitel »Fangen und Werfen« erklärt ist. Nun ist eine Schlinge um die Achse gelegt, und das

Diabolo liegt auf dem unterstreichenden Teil der Schnur.

Schicke das Diabolo nach rechts, so daß es vor dem rechten Handstock vorbeiläuft. Dann schickst du es weiter nach links und es klettert nun den hinteren diagonalen Teil der Schnur herauf. Nun läuft es außen um den linken Handstock, wo sich die Schlinge auflöst. Halte beide Handstöcke senkrecht und fange das Diabolo auf dem Kreuz der Schnur.

Zur Vereinfachung nochmal langsam. Laß einen Freund das Diabolo auf der Schnur festhalten, während du das Hexenspielmuster machst und einige Male den Ablauf probierst. Zum einen läßt die Reibung mit der Schnur das Diabolo um das Muster laufen, zum anderen bewege ich meine Arme, um ihm weiterzuhelfen. Auf diese Art muß die Schlinge nicht so fest sein und ich kann die Kontrolle besser bewahren. Die Armbewegung ist links, rechts, links, was das Diabolo nach rechts, links, rechts in Relation zu den Handstöcken bewegt.

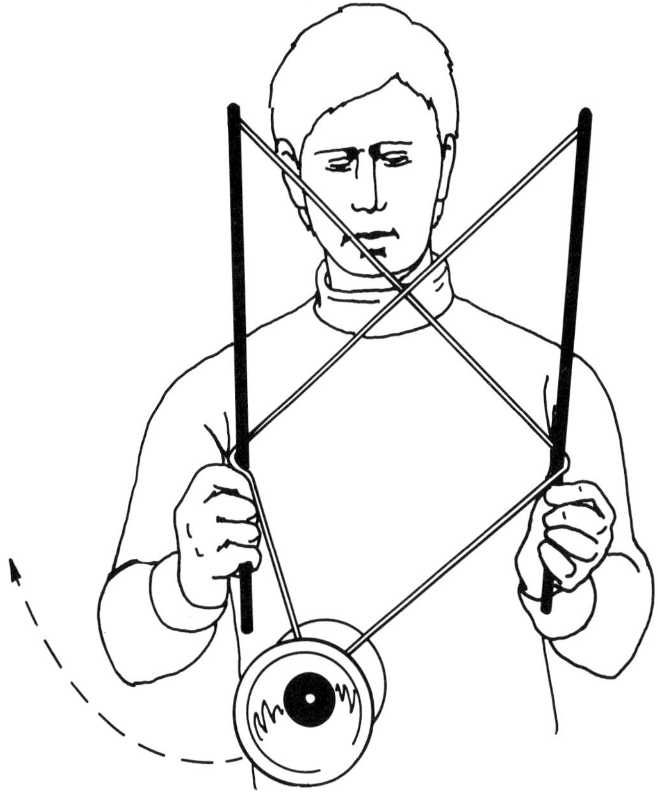

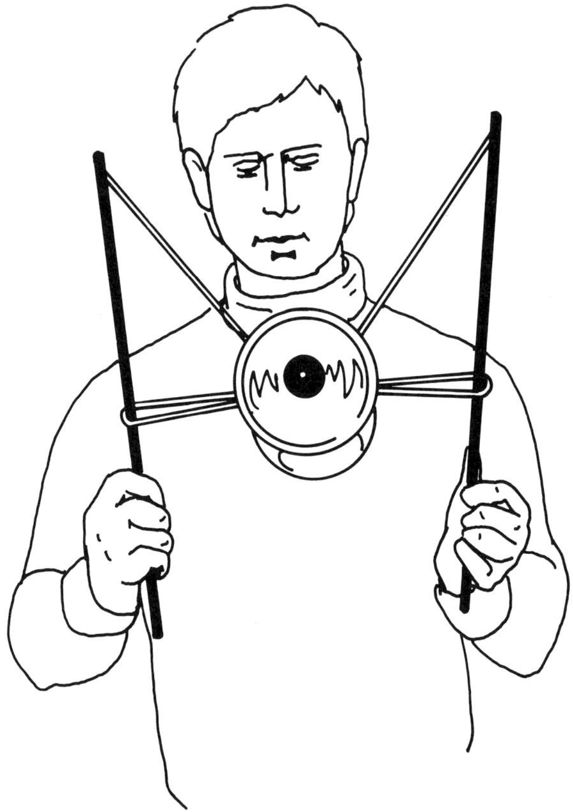

Hexenspiel

Variation 1

Das Hexenspiel ist einfacher, wenn du die Handstöcke vertauschst. Lege den rechten Handstock über den linken und vertausche sie. Nun hast du ein Hexenspielmuster, bei dem die Schnur nicht um das Diabolo geschlungen ist. Du kannst es sofort hochwerfen, ohne daß es an der Schnur entlang laufen muß.

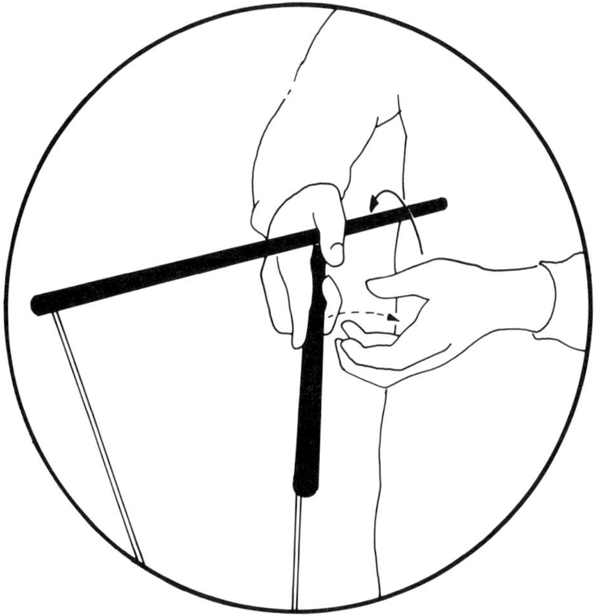

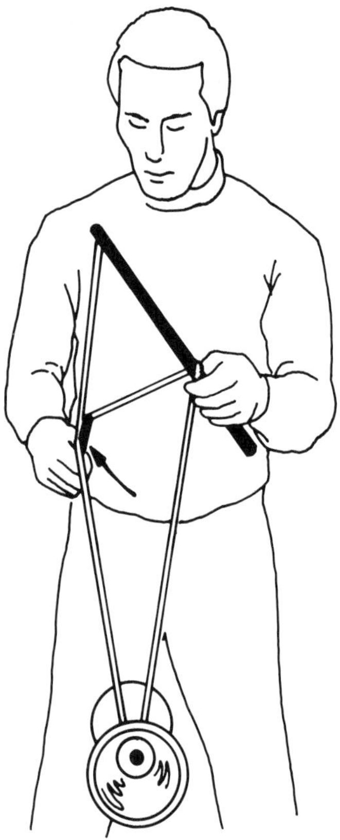

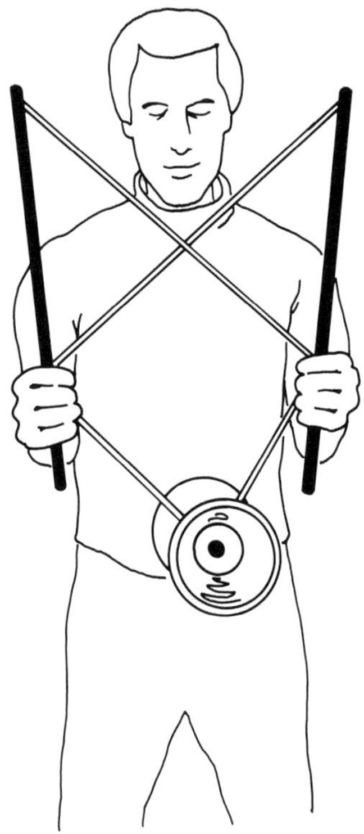

Doppeltes Hexenspiel

Mache noch einmal das erste Hexenspielmuster und halte die Schnur diesmal mit beiden Zeigefingern fest. Nun hast du ein doppeltes Schnurkreuz, das Diabolo sitzt ohne Schlinge auf dem unteren Schnurteil. Du kannst es hochwerfen und wählen, auf welchen Kreuzpunkt du es fangen willst.

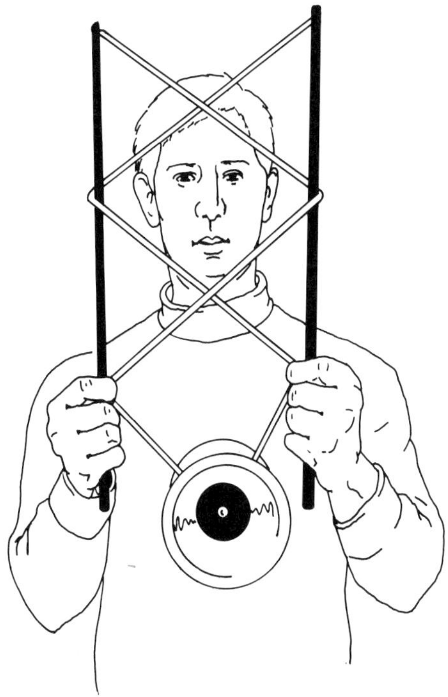

In die Höhe klettern

Mensch, ist das beeindruckend! Suche einen schönen, hohen Ast oder Balken, über den du eine Schnur werfen kannst. Sie sollte mindestens 6 m lang sein. Binde ein Ende der Schnur an deinen Turnschuh, damit du genug Gewicht für einen hohen Wurf hast. Vergiß nicht, den Schuh zuerst auszuziehen. Binde ein Ende der Schnur fest, laß das andere Ende lose hängen.

Der Trick ist, das Diabolo von deiner Schnur an den Handstöcken auf die lange

Schnur zu bringen und es daran heraufklettern zu lassen.

Zunächst bringe ich das Diabolo zum Schreien. Ich meine heulen. Wenn du kannst, solltest du auf jeden Fall die Peitschentechnik benutzen. Sobald du genug Schwung hast, nimmst du den rechten Handstock in die linke Hand, so daß sie beide Handstöcke wie ein »V« hält. Halte das Diabolo mit der linken Hand neben die lange Schnur. Mit der rechten Hand nimmst du die lange Schnur und legst vor der Handstockschnur eine Schlinge um das Diabolo. Ziehe die lange Schnur vorsichtig mit der rechten Hand nach unten und die Schlinge wird fester. Das Diabolo wird an den Handstöcken vorbei an der Schnur hochklettern.

Wie hoch es klettert, hängt davon ab, wie schnell es sich am Anfang dreht, wie schnell du die Übergabe schaffst und wie genau du die Spannung der langen Schnur kontrollieren kannst.

Schaffe es bis ganz oben und leiste dir eine Schokoladenzigarre.

Spaghetti

Dies ist ein lustiger, einfacher Trick. Die Schnur wird dabei mit dem rechten Handstock hoch, über, um und durch das Diabolo gezogen, und der linke Handstock veranstaltet ein ziemliches Durcheinander. Es erstaunt mich immer noch, daß es funktioniert.

Zuerst drehst du dein rechtes Handgelenk zu dir und legst die Schnur über den linken Handstock. Nun gehst du unter der Achse des Diabolos entlang und wieder hoch. Dabei ziehst du diagonal über die Mitte und gehst von der anderen Seite über den linken Handstock. Ziehe gerade nach unten und unter der Diaboloachse entlang. Ein ganz schönes Schnurgewirr, nicht wahr?

Nun kommt das Beste. Um aus dem Gewirr herauszukommen, mußt du die Handstöcke nach unten richten. Das Gewicht des Diabolos zieht alle Schlingen über die Enden der Handstöcke. Sieh es dir

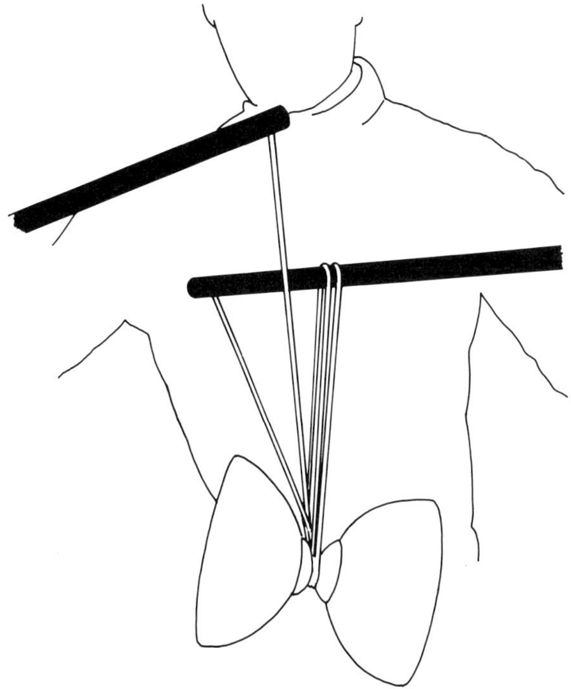

an, es gibt keinen Knoten mehr, alles hat sich aufgelöst.

Das einzige Problem ist, alles schnell genug durchzuführen, damit das Diabolo nicht langsamer wird, bevor du fertig bist. Bitte einen Freund, das Diabolo ein paar Mal festzuhalten, damit du dich an die Drehungen und Wendungen gewöhnen kannst.

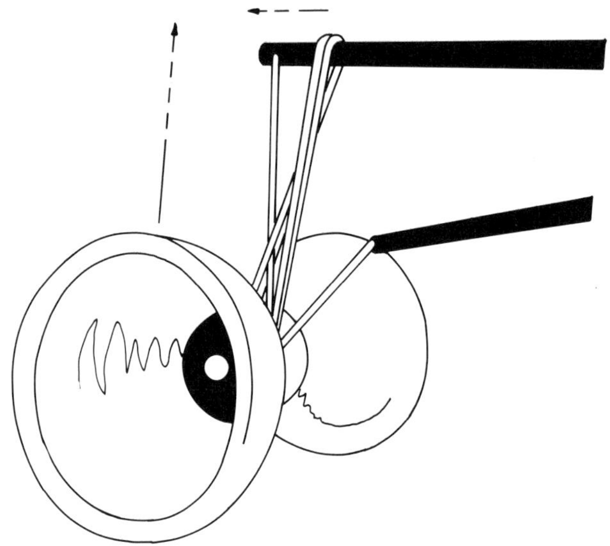

Spaghettiwurf

Wenn du die Schnur noch einmal um das Diabolo und den linken Handstock wickelst und beide Handstöcke in die linke Hand nimmst, kannst du das Diabolo gen Himmel werfen. Wirf das Diabolo rechts von den beiden Handstöcken hoch, nicht durch ihre Mitte, damit sich die Schnur entwirren kann.

Die Schnur aufwickeln

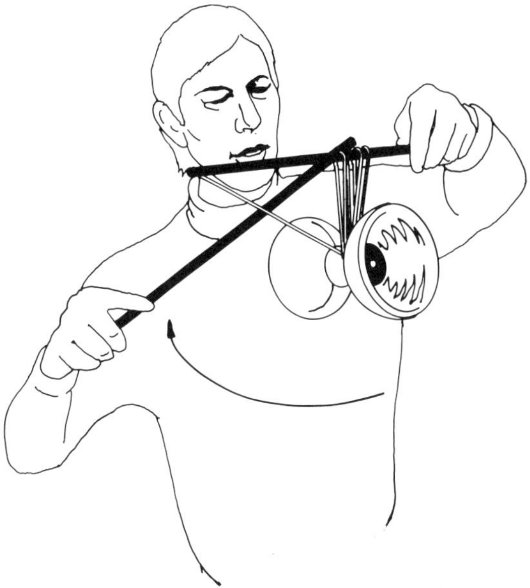

Die Chinesen sagen zu diesem Trick »die Schnur aufwickeln«. Vielleicht hättest du von ihnen mehr Einfallsreichtum erwartet. Na ja, der Trick selbst ist dennoch toll.

1. Halte den linken Handstock in der Wandebene und gib den rechten Wandstock von vorne nach hinten über den linken. Beide Hände sind nun links vom Diabolo.
2. Ziehe die Schnur von links nach rechts unter der hinteren Achse des Diabolos entlang.
3. Trage die Schnur von hinten nach vorne über den Handstock, sie bleibt dabei rechts vom Diabolo. Ich nenne das »diagonal rüber«, damit ich es mir merken kann.
4. Gehe von rechts nach links unter der Achse entlang und gehe noch einmal mit dem Handstock von links nach rechts »diagonal rüber«.

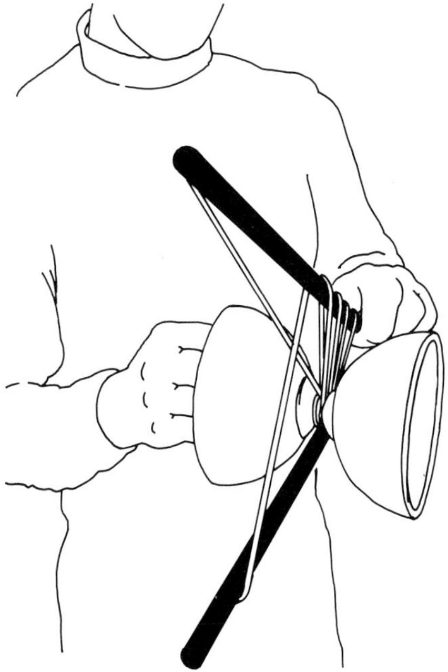

5. Ziehe noch einmal von links nach rechts unter der Achse entlang, aber diesmal gerade über den Handstock, nicht »diagonal rüber«.
6. Drehe dein rechtes Handgelenk rückwärts und gehe von links nach rechts unter der vorderen Achse des Diabolos entlang.
7. Halte beide Handstöcke in der linken Hand, das Diabolo hängt zwischen den Handstöcken. Ziehe das Diabolo mit der rechten Hand aus der Schnur.

Weltreise

Hier gucken wir wieder Tricks vom JoJo ab.

Schwinge deine Arme hoch und um dich herum. Das Diabolo beschreibt, in der Schnur gefangen, einen großen Kreis. Natürlich ist die Schnur nun verdreht, aber du kannst entweder anders herum schwingen, dich umdrehen, oder die Handstöcke zweimal vertauschen, um sie zu entwirren.

Wenn du an den Trick eine Pirouette anschließt, verdreht sich die Schnur nicht.

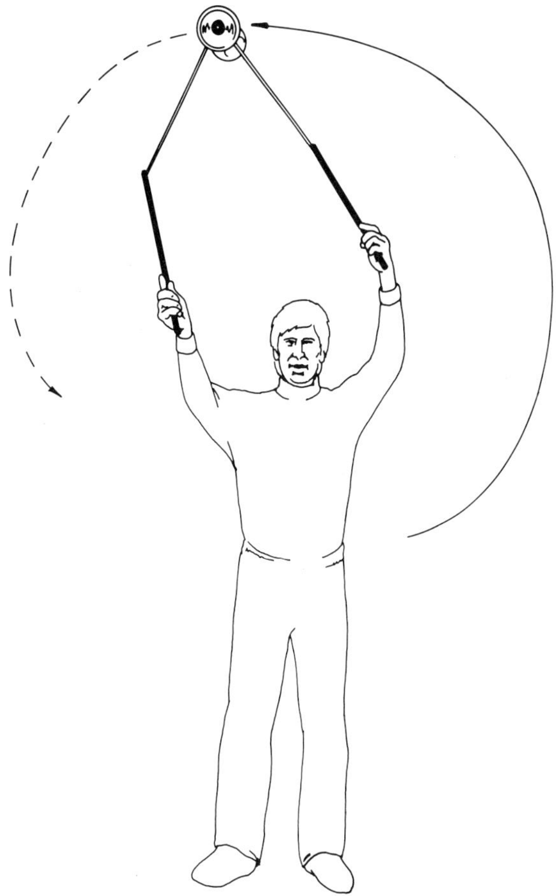

Weltreise mit Zwischenlandung

Wenn du das Diabolo über den rechten Handstock in einem kleineren Kreis herumschwingst und es zwischen den zwei Handstöcken in die Innenzone fallen läßt, bist du nur um die halbe Welt geflogen. (linke Abb.)

Statt das Diabolo über den rechten Handstock zu werfen, damit es in der Luft hängt, fängst du es nun auf der Schnur in der Innenzone. Die Achse des Diabolos wird nun von zwei Schnursegmenten gehalten. (mittlere Abb.)

Wenn du nun das Diabolo über den linken Handstock herausschwingst, kannst du es wieder auf den Schnursegmenten der Innenzone fangen. Dabei bekommst du unter der Achse des Diabolos erstaunlicherweise fünf Schnursegmente. (rechte Abb.)

Natürlich mußt du, um aus dieser Stellung herauszukommen, es nur wieder nach links und dann nach rechts zurückschwingen. Voilà, ein einfaches, freidrehendes Diabolo, das eine anstrengende Reise hinter sich hat.

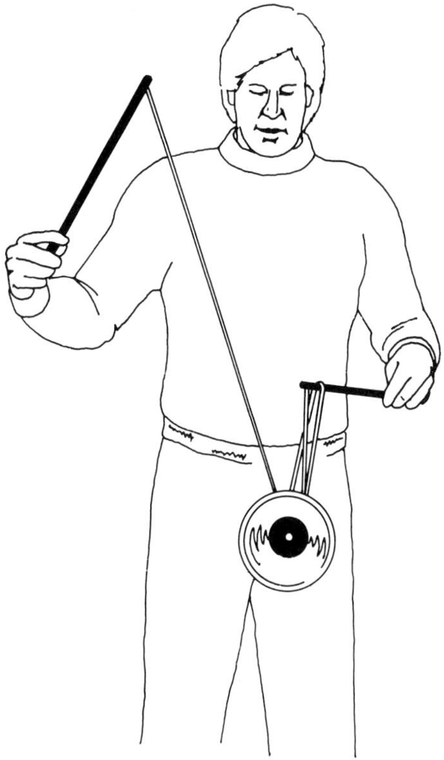

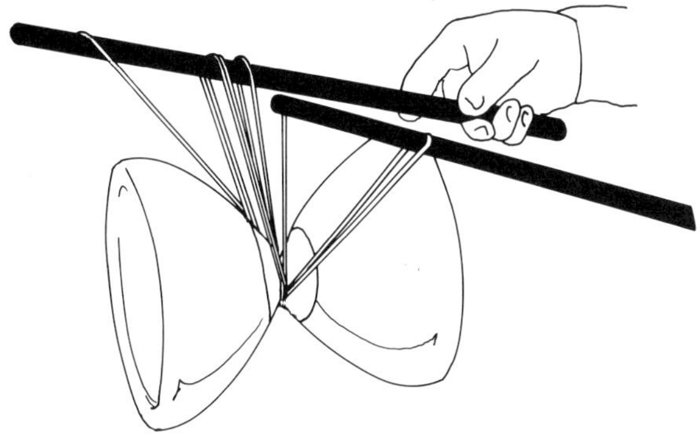

Weltreise mit Nervenkitzel

Nachdem du nun ein Weltreisender geworden bist und sicher bist, daß das Diabolo nicht aus der Schnur fliegt, bist du für ein paar »Mutproben« bereit.

Prüfe erst einmal, ob deine Arme lang genug sind und die Schnur kurz genug. Die Arme sollten etwas länger sein als die Hälfte der Schnur. Drehe dich um 90° nach rechts, so daß du die Achse des Diabolos anschaust. Wenn du nun die Weltreise machst, fliegt das Diabolo zunächst von dir weg und dann auf dich zu. Paß auf, daß deine Arme ganz ausgestreckt sind, damit dich daß Diabolo nicht am Kopf treffen kann.

Natürlich kannst du diesen Trick auch anders herum machen.

Wenn du das Diabolo an einer Stelle stehen läßt und die Arme schnell genug bewegst als würden sie Fahrrad fahren, kannst du ständig um die Welt reisen.

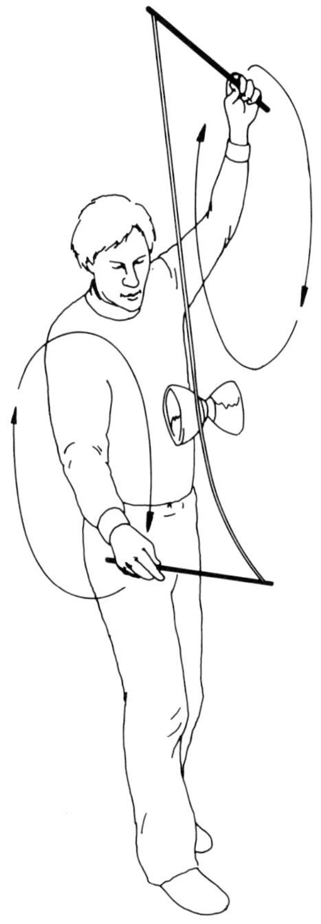

Sprünge

Sprünge sind kleinere Würfe des Diabolos über andere Gegenstände, wie z. B. deinen Fuß oder dein Bein. Das Diabolo verläßt die Schnur, springt über deinen Fuß und wird auf der anderen Seite auf der Schnur aufgefangen.

Stelle zum Beispiel deinen rechten Fuß rechts vom Diabolo auf die Schnur. Tritt mit dem rechten Fuß auf die Schnur und ziehe gleichzeitig mit der linken Hand nach oben. Das Diabolo springt von der Schnur, fliegt über deinen Fuß und landet auf der anderen Hälfte der Schnur.

Außer dem richtigen Timing mußt du lernen, die Kraft, mit der du einerseits den Fuß aufsetzt und andererseits die linke Hand hochziehst, aufeinander abzustimmen. Die beiden Hälften der Schnur sollten in der gleichen Ebene wie das Diabolo sein. Wenn die linke Hand die Schnur zu weit nach vorne oder hinten hält, wird das Diabolo zwar richtig über deinen

Fuß springen, aber nicht auf der Schnur, sondern vielleicht auf der Katze landen.

Du kannst dies auch in die andere Richtung machen. Aber ich rate dir, das Diabolo im Uhrzeigersinn springen zu lassen. Es wird beschleunigt, wenn es auf der Schnur von rechts zurückrollt.

Nachdem ich den Trick mit dem Fuß gelernt hatte, habe ich stattdessen die Ferse benutzt. Ich muß dabei das Bein nicht anwinkeln, und es sieht für das Publikum besser aus.

Außerdem halte ich das Bein still und benutze nur die linke Hand, um das Diabolo über mein Bein zu werfen. Es ist besser zu lernen, wie die linke Hand das Diabolo über das Bein werfen kann und es darunter entlang zurücklaufen zu lassen als auf die Schnur zu treten. Wenn du versuchst, andere Körperteile überspringen zu lassen, wirst du das merken.

Mit dem richtigen Rhythmus kannst du mehrere Sprünge hintereinander machen. Koordiniere, wie du die linke Hand hebst und senkst, wenn das Diabolo auf deinen Fuß zurollt, damit es nicht anstößt. Versuche einen weiteren Sprung, wenn das Diabolo wieder auf der linken Seite ist.

Sprünge über verschiedene Hürden
Ziehe die Schnur näher an dich heran und du kannst deinen Oberschenkel als Hürde benutzten. Der Oberschenkel tut das gleiche wie dein Fuß, indem er die Schnur teilt, bis du deine linke Hand herunter nimmst, um das Diabolo durchzulassen.

Weitere mögliche Punkte sind deine Taille oder dein Körper. Wenn das Diabolo auf dem Weg zur linken Seite ist, steigst du mit beiden Füßen über die Schnur, so daß sie hinter dir ist. Die linke Hand wirft das Diabolo

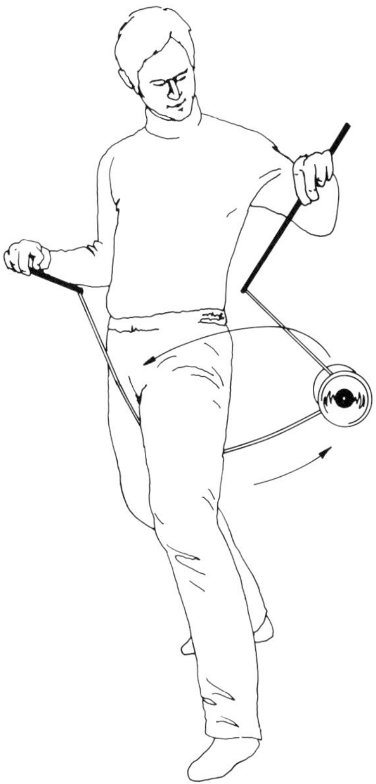

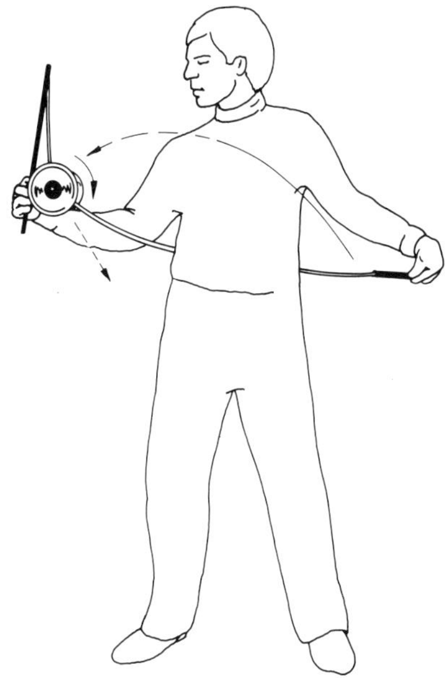

hoch und über die Hüfte zur rechten Hand. Dort fängst du es, indem du dich etwas nach hinten lehnst.

Du kannst die Schnur zwischen deine Beine halten und das Diabolo Sprünge über Oberschenkel und Hüfte machen lassen.

Wenn du diesen Trick mit jeder einzelnen Hüfte kannst, probiere ihn mit beiden Hüften abwechselnd.

Hier ist ein schöner Trick. Greife mit der linken Hand eine Handstocklänge Schnur. Drehe deinen linken Handstock nun so herum, daß er horizontal zur Wandebene steht. Bringe den rechten Handstock über und vor deinen linken Handstock. Nun ziehe deinen rechten Handstock hinter die Wandebene zurück und stecke ihn durch die Schlinge der Schnur, die am linken Handstock hängt.

Du kannst das Diabolo über den rechten Handstock springen lassen, indem du ihn gegen die Schnur drückst.

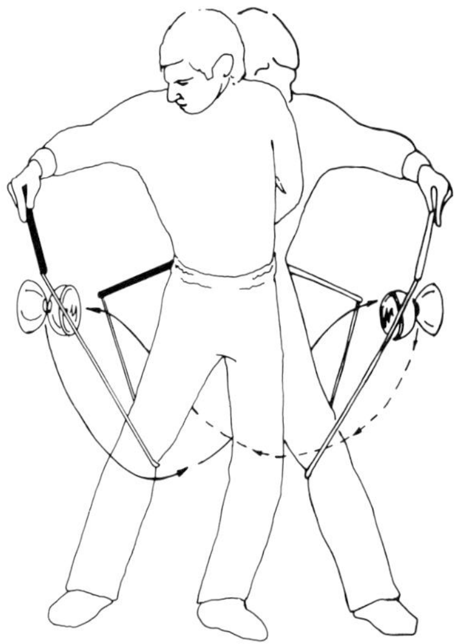

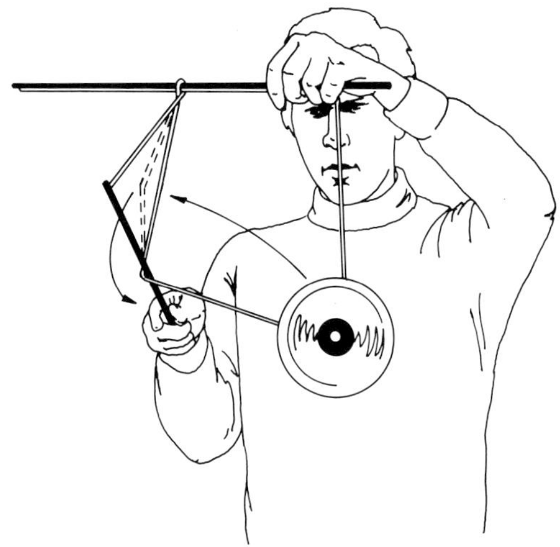

Sprünge über den Arm
Halte den rechten Arm gerade nach vorne und beuge deine Ellbogen im rechten Winkel. Die Schnur muß unter deinem rechten Arm entlanggehen und das Diabolo muß zwischen deinem rechten Arm und dem linken Handstock sein. Drehe das rechte Handgelenk zurück, um die Schnur in der Position zu halten. Nun kannst du Sprünge über den Arm machen. Benutze die linke Hand, um das Diabolo kurz vor dem Bizeps über den rechten Arm zu werfen.

Wenn du feststellst, daß die Schnur dafür zu lang ist, kannst du etwas pfuschen. Halte eine handstocklänge Schnur am linken Handstock fest.

Um den Kopf
Hier ist etwas für die Mutigen und einigermaßen Tapferen. Treibe das Diabolo schnell an und laß es um den Kopf kreisen.

Ich habe das am Anfang vorsichtig gelernt, indem ich mich vor einen Spiegel gestellt habe, wo ich das Diabolo immer verfolgen konnte. Ich habe auch mit sehr großen Kreisen begonnen und sie langsam näher an meinen Kopf gebracht. Es wäre vielleicht keine schlechte Idee, einen Helm zu tragen.

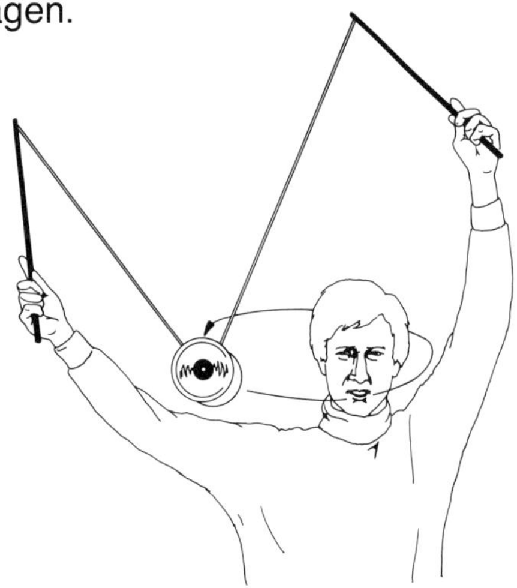

Einhändig

Für die einhändige Diabolotechnik gibt es zwei Griffe. Ich bevorzuge den ersten, aber probiere selber, welche du am liebsten magst.

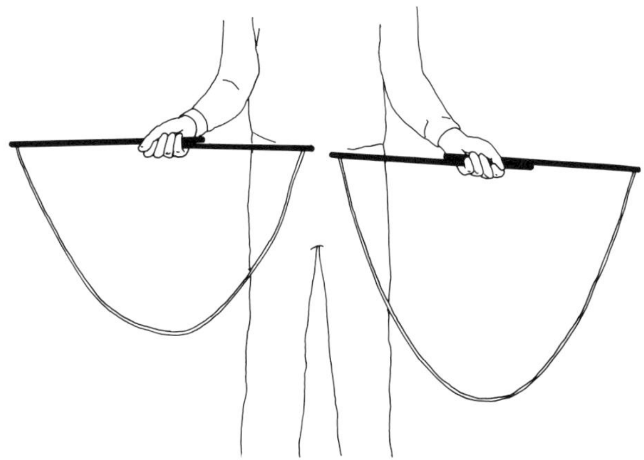

Treibe schnell an und nimm die Handstöcke in einen dieser beiden Griffe. Jetzt hältst du die Drehung durch viel Handgelenk- und Ellbogenbewegung. Es ist fast so, als würdest du noch einmal lernen, wie man Diabolo spielt. Warte erst mal ab, bis du einen einhändigen Anfang aus dem Stand versuchst!

Natürlich solltest du diese Technik mit beiden Händen perfektionieren, damit du diese Variationen ausprobieren kannst.

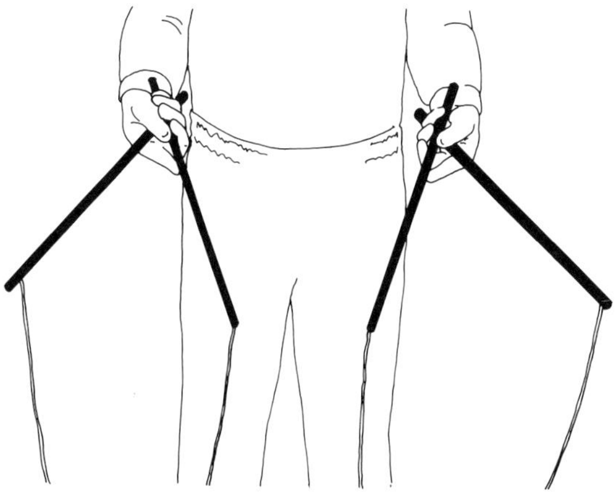

Weltreise mit Übergabe

Schwinge deine Arme wie bei der »Weltreise« heraus und gib die Handstöcke dabei von einer Hand in die andere.

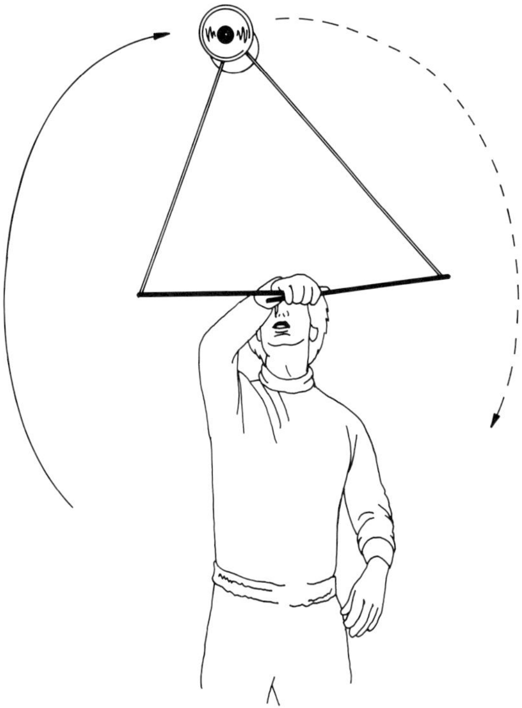

Diabolos geballt

Es ist sehr beeindruckend für andere Diabolospieler, wenn du mit zwei Diabolos gleichzeitig spielst, eines in jeder Hand. Aber Vorsicht: wenn du es zu einfach aussehen läßt, weil du so viel geübt hast, wird es niemand mehr bewundern. Na ja.

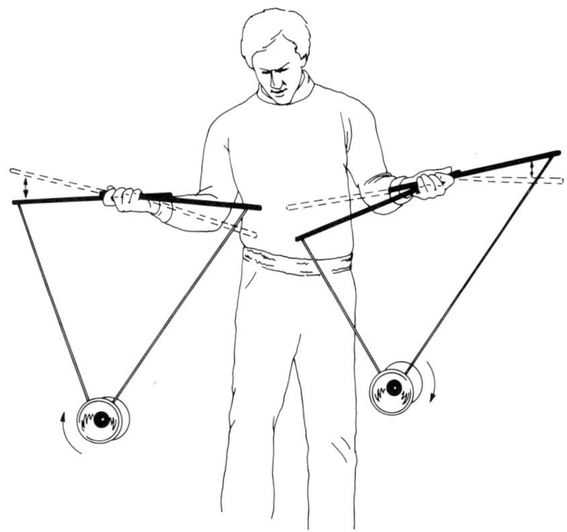

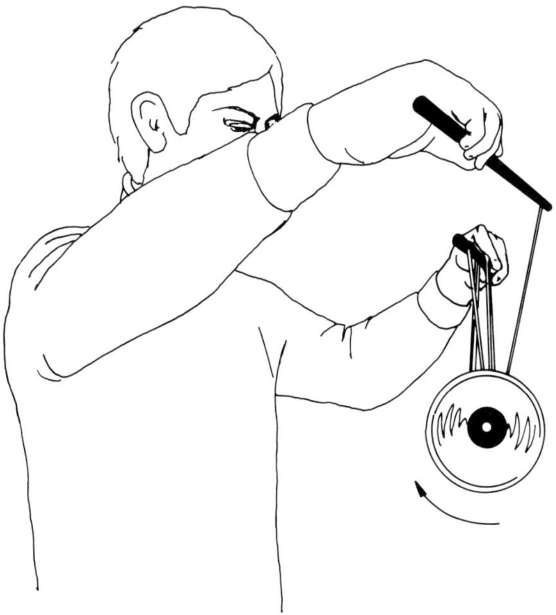

Die Schaukel

Noch ein JoJo-Trick. Drehe deine Handstöcke nach innen, so daß sie beide ganz in der Wandebene stehen.

Halte deinen linken Handstock vor und unter den rechten, während das Diabolo herunterrollt. Ziehe den linken Handstock zu dir und nimm dabei die Schnur, die vom rechten Handstock kommt, mit. Während deine linke Hand weiter nach innen und oben kreist, bewegst du die rechte Hand nach vorne und unten, die dabei zwei Längen Schnur mitnimmt. Um so besser, denn die Schnur sollte kurz sein. Schließlich sollte der rechte Handstock direkt unter dem linken sein, dann hast du eine schöne Schaukel für dein Diabolo, das hin- und herpendelt.

Schmetterlinge

Ich mußte erst eine Weile mit dem Diabolo vertraut sein, bevor ich diesen Trick probieren wollte. Wenn kaum-noch-kontrollierte Gegenstände um meinen Kopf schwirren, sagt mir meine innere Stimme, daß Vorsicht geboten ist.

Schwinge das Diabolo nach links wie bei der Weltreise. Wenn deine Hände über deinem Kopf sind und das Diabolo fast an der höchsten Stelle angelangt ist, richtest du deine Handgelenke nach hinten, so daß es hinter dir herunterkommt. Bei dem nächsten Höhepunkt richtest du deine Handgelenke nach vorne, und das Diabolo erreicht ohne Verdrehungen die Startposition. Es hilft, sich dabei eine Achterfigur vorzustellen.

Looping

Dies ist ein sehr aufregender, schneller Trick, der die Zuschauer oft vollkommen überrascht. Er ist so schnell, daß die meisten von ihnen nicht genau wissen werden, was sie gerade gesehen haben.

Treibe das Diabolo an und laß es etwa 40 cm neben dem rechten Handstock ruhen. Nimm die rechte Hand herunter und unter der Achse entlang, so daß die Schnur das Diabolo nicht mehr hält. Führe diese Bewegung weiter hoch und nach außen und beschreibe mit den Handstöcken einen ganzen Kreis um das freifliegende Diabolo. Die rechte Hand führt die Bewegung an. Wenn der Kreis vollendet ist, schlingst du die Schnur wieder um die Achse.

Die Arme sind nun verkreuzt. Es sind die Arme, die verkreuzt sind, nicht die Schnur. Das Diabolo dreht sich immer noch in die gleiche Richtung, aber deine linke Hand macht nun die Antriebsbewegung. Um deine Arme wieder zu entwirren, mußt du

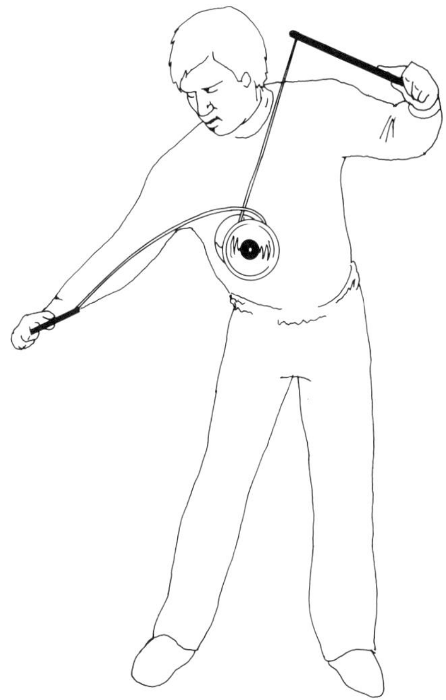

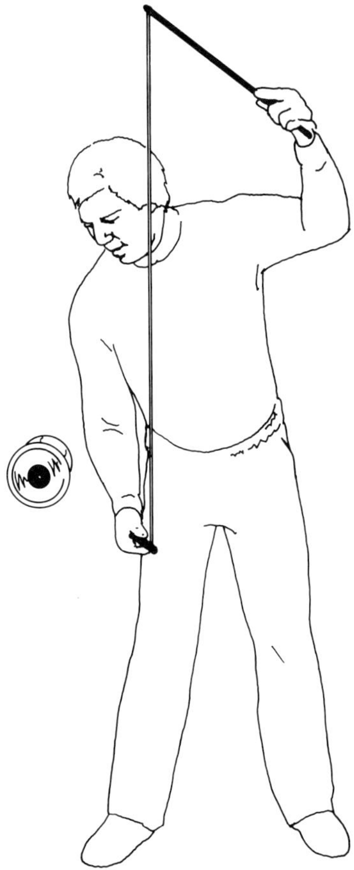

diese Bewegung in die umgekehrte Richtung machen oder die Handstöcke vertauschen. Wenn du das Diabolo aus der gekreuzten Armposition hochwirfst, kannst du deine Arme öffnen, während das Diabolo in der Luft ist. Es hilft, kurz bevor du den Kreis beginnst, das Diabolo etwas anzuheben, das gibt dir mehr Zeit.

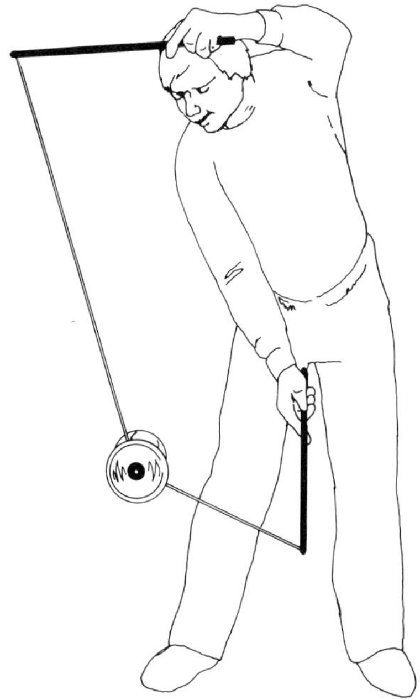

Pirouetten

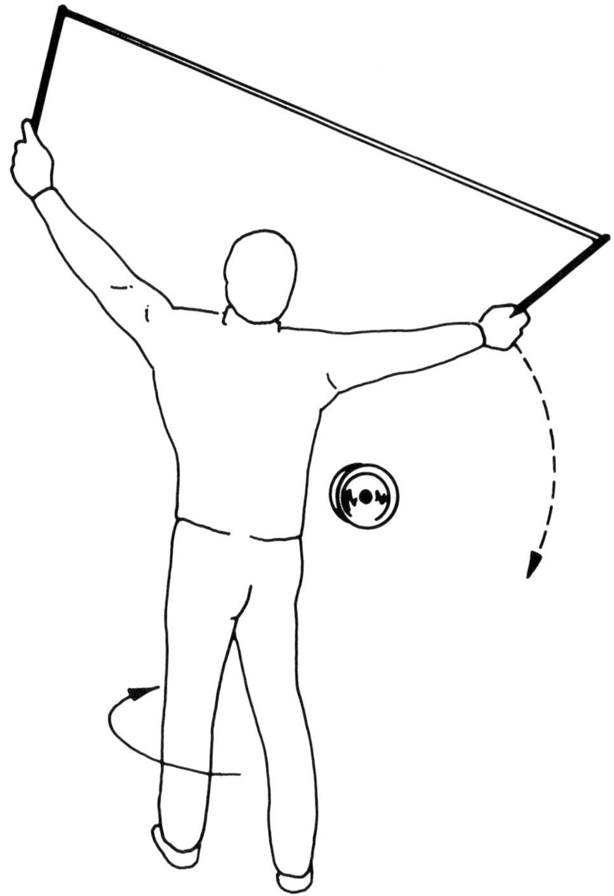

Pirouetten wurden schon als mögliche Verschönerung des Werfen-und-Fangens erwähnt. Bei folgenden Pirouetten bleibt das Diabolo immer in Kontakt mit der Schnur.

Laß einen Freund das Diabolo halten, damit du die Schritte durchgehen kannst. Er oder sie sollte die Schnur unter der Achse des Diabolos strammhalten, während du die Pirouetten drehst. Merkst du, wie die Schnur die Achse umkreist und wieder unter ihr landet? Das ist es. Du mußt die Pirouetten nur schnell genug machen, damit das Diabolo nicht herunterfällt, während du dich umdrehst.

Ich pfusche etwas und hebe das Diabolo etwa 50 cm an, so daß es auf und ab fliegt, während ich mich drehe. Das gibt mir etwas mehr Zeit. Die echten Könner lassen das Diabolo fast absolut still stehen, während sie mehrere Pirouetten hintereinander drehen.

Einrädrige Diabolos

Es gibt eine Sorte von Diabolos, die nur ein Rad besitzen: anstelle des zweiten Rades haben sie ein spitzes Ende. Wenn du sie einmal zum Drehen gebracht hast, kannst du sie wie einen Kreisel aufrecht drehen lassen.

Da das eine Ende unvermeidbar schwerer ist als das andere, kippt dieses

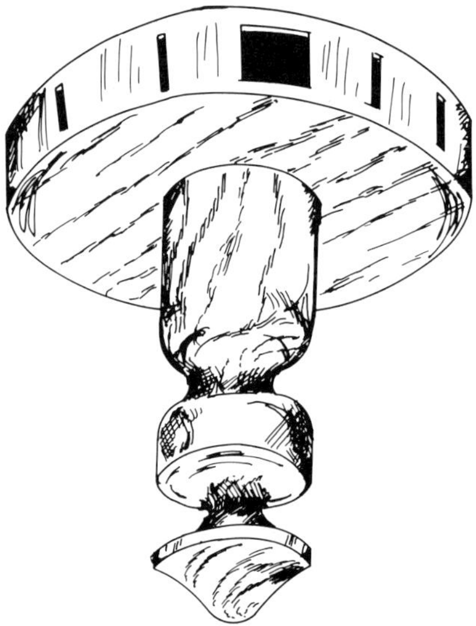

Diabolo und ändert seine Richtung ständig, und es läßt dich im Kreise herumlaufen. Ich verwende einrädrige Diabolos nicht sehr häufig, weil ich schwindelig werde. Aber hier sind ein paar Tips für diejenigen von euch, die es gerne ausprobieren wollen.

Es ist viel schwieriger, ein einrädriges Diabolo anzutreiben als ein normales. Verdrehe die Schnur mehrmals, damit du Zeit hast, es schnell und stabil werden zu lassen, bevor du um es herumtanzen mußt. Drehe es auch kurz mit der Hand an, bevor du es zum Antreiben losläßt.

Wenn das Rad zum Publikum gerichtet sein soll, mußt du das Diabolo von oben gesehen gegen den Uhrzeigersinn drehen. Ich mache zwischen drei und sechs ganze Drehungen. Sobald sich die Verdrehungen aufgelöst haben, mußt du um das Diabolo herumlaufen.

Wenn die Spitze zum Publikum zeigen soll, mußt du das Ganze herumdrehen und die Schnur von oben gesehen im Uhrzeigersinn drehen.

Ich beginne so, daß die Schnur nahe des Rades unter der Achse liegt, statt unter der Mitte der Achse. Das hilft beim Ausgleich des Gewichtsunterschieds.

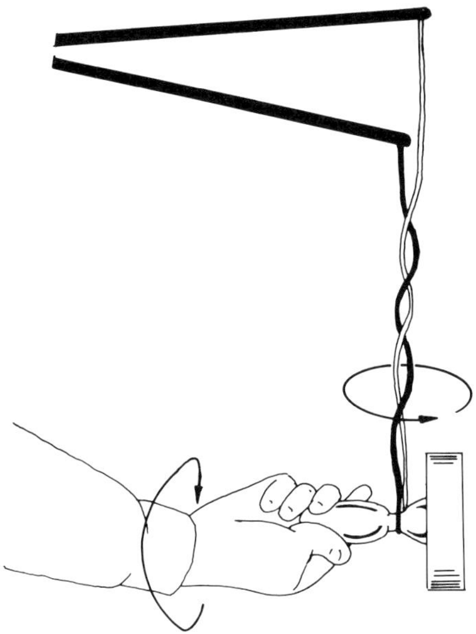

Neben allen üblichen Diabolotricks kannst du das einrädrige Diabolo auf seiner Spitze auf dem Boden oder deiner Handfläche drehen lassen.

Die chinesischen Diabolokünstler benutzen Variationen wie Topfdeckel und Keramikurnen.

Zwei Diabolos

Ich beschriebe diese Technik nicht nur, damit du ein zweites Diabolo kaufen mußt, sondern weil dieser Trick einfach sehr beeindruckend ist.

Ich habe verschiedene Methoden gesehen, wie man mit zwei Diabolos auf einer Schnur beginnen kann. Für die einfachste brauchst du einen Partner. Der Partner sollte links neben dir das zweite Diabolo antreiben. Wenn dein Diabolo stabil läuft, bittest du ihn, das zweite in der Nähe deines rechten Handstocks auf die Schnur zu werfen. Der Wurf sollte nicht hoch sein, und ihr müßt beide Diabolos in der gleichen Wandebene ausrichten.

Die Kraft, mit der das zweite Diabolo auf die Schnur fällt und von rechts herunterläuft, hilft dem ersten Diabolo, vor dir von links nach rechts zu fliegen. Du mußt mit der linken Hand etwas nachhelfen. Nun springen zwei Diabolos ständig übereinander weg. Beim Zurückrollen auf der Schnur bekommt jedes Diabolo noch einmal Schwung, was sie stabil hält.

Du kannst die Diabolos in Bewegung halten, indem du die linke Hand bei dem Überspringen anhebst. Mit der rechten Hand kannst du sogar noch antreiben. Wenn ein Diabolo an der Schnur

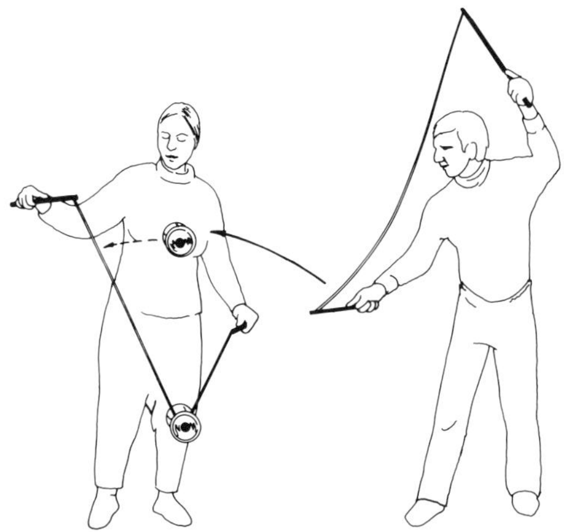

herunterläuft, hilfst du mit einer kleinen Peitschbewegung nach unten nach. Das macht die Diabolos ein ganzes Stück schneller.

Für die zweite Methode solltest du deinem Diabolo Starthilfe geben können. Damit meine ich, daß du es mit einer Hand angedreht hochwerfen und es kontrolliert auffangen kannst.

Treibe ein Diabolo an und laß es laufen, während du beide Handstöcke in die linke Hand nimmst. Nimm dir ein zweites Diabolo und wirf es, wie oben beschrieben, mit einem niedrigen Wurf ein, so daß du es rechts von dem Diabolo auf der Schnur fangen kannst.

Die Kraft, mit der das zweite Diabolo auf die Schnur fällt, läßt das erste von der Schnur hoch und nach rechts springen. Da sich das zweite Diabolo nicht so schnell dreht, solltest du sofort antreiben, indem du mit der rechten Hand nach unten und links peitschst.

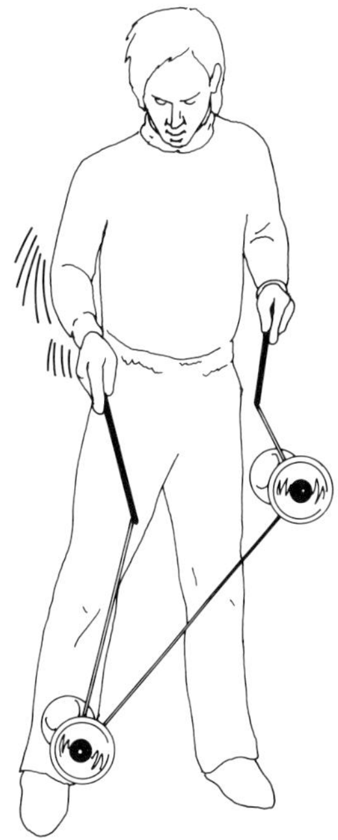

Ausgleich des Kippens
Die Diabolos können sich leicht in verschiedene Richtungen drehen und kippen. Wenn die Diabolos verschiedene Farben haben, ist es einfacher zu sehen, welches eine Korrektur braucht.

Du kannst den rechten Handstock benutzen, um ein aus der Ebene gedrehtes Diabolo zu korrigieren, indem du es leicht antippst, wenn es rechts auf der Schnur landet. Ich weiß, daß es schnell ist, aber achte auf das Timing. Denke daran, die Berührung des Hinterrades läßt das Diabolo gegen den Uhrzeigersinn umdrehen, beim Antippen an das Vorderrad dreht es mit dem Uhrzeigersinn. Es kann sein, daß die Diabolos dabei in entgegengesetzte Richtungen kippen. Ich habe festgestellt, daß ich beide in die gleiche Richtung kippen lassen kann, wenn ich die Wandebene etwas ändere, indem ich meine linke Hand etwas vor meine rechte schiebe. Wenn beide Diabolos in die gleiche Richtung kippen, kann ich sie in die richtige Position zurücktippen.

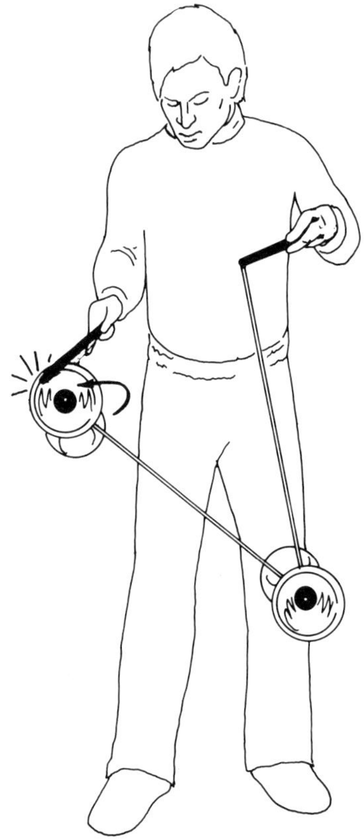

Variationen mit zwei Diabolos
Hier ist Jochen Schell, der dir zeigt, was man mit zwei Diabolos machen kann.

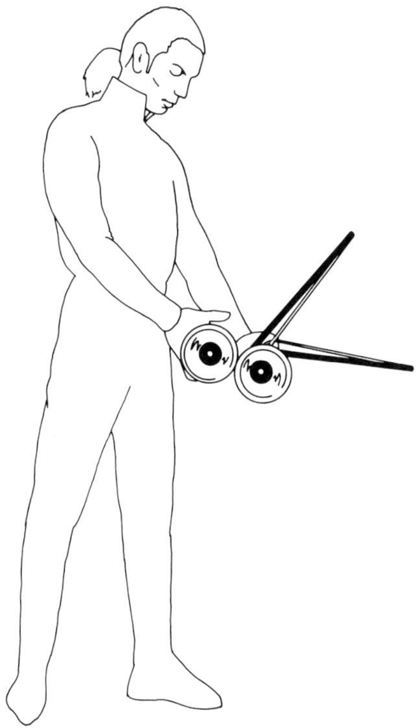

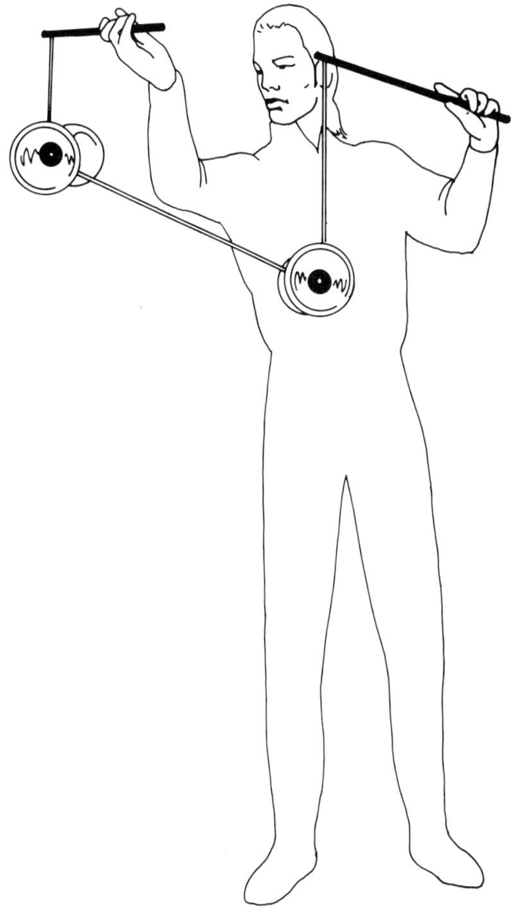

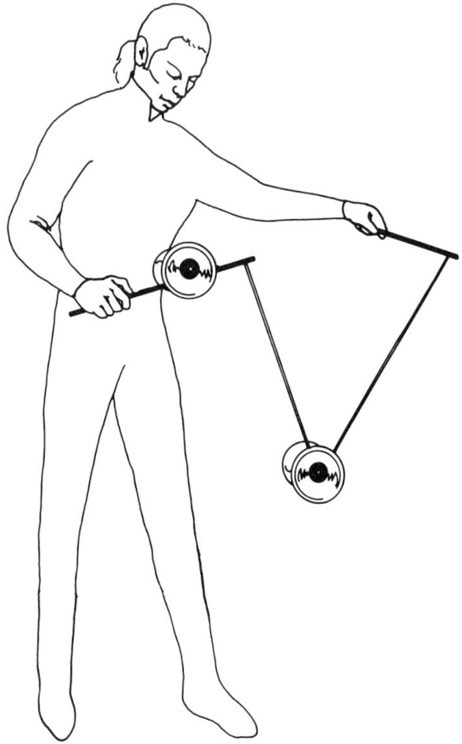

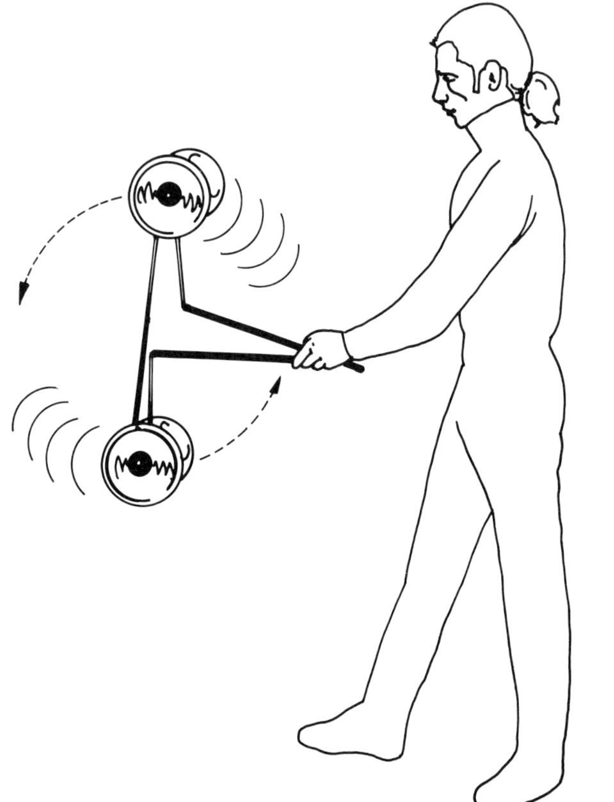

Drittes Kapitel

Nebeneinander

Diabolospiel mit einem Partner
Das verbreiteste Partnerspiel ist »Fangen«. Das Kapitel über die fortgeschrittenen Diabolotricks erklärt, wie man ein Diabolo wirft und fängt. Wir müssen nun nur klarstellen, wie man zu einem Partner wirft.

Wenn du das Diabolo zur Seite werfen willst, mußt du den Arm auf der Seite, zu der du werfen willst, tiefer halten. Wenn du also nach rechts werfen willst, halte den rechten Arm tiefer. Wenn du nach links werfen willst, hältst du den linken Arm tiefer. Schleudere die Arme gleichzeitig mit dem Abwurf in die Richtung, in die das Diabolo fliegen soll. Nach links für links, nach rechts für rechts.

Du kannst auch nach vorne oder hinten werfen. Benutze deine Arme, um dem Diabolo die Richtung zu geben.

Hier sind einige mögliche Positionen mit deinem Partner.

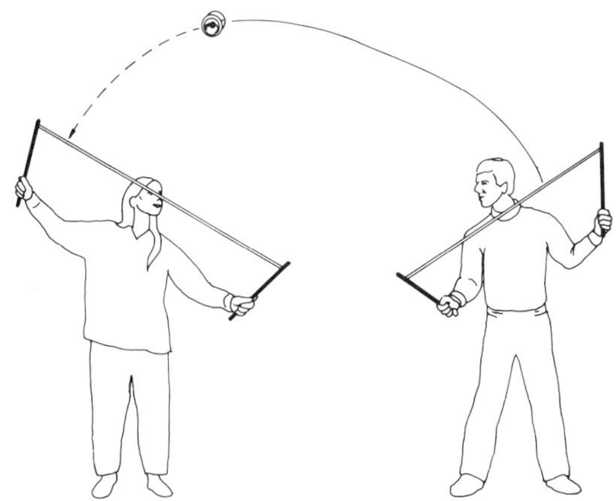

Hintereinander

Für die nächsten beiden Formationen muß einer der beiden Spieler in der Lage sein, mit links anzutreiben.

Gegenüber

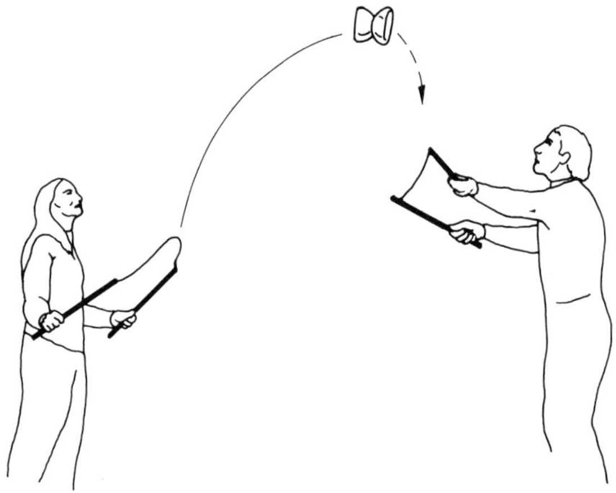

Rücken an Rücken

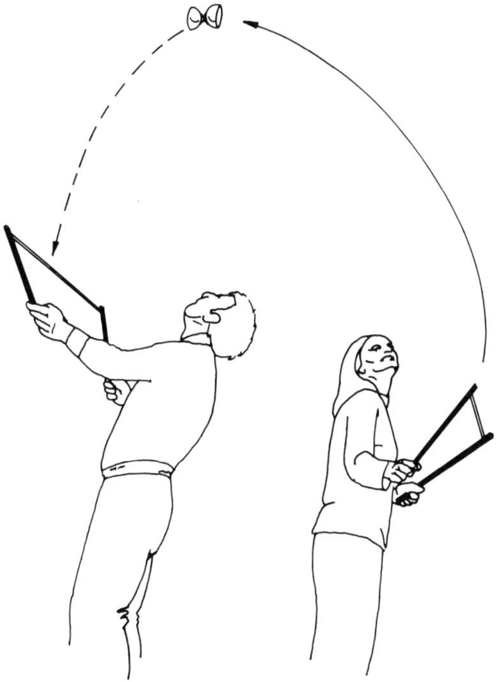

Passing mit zwei Diabolos

Wenn du und dein Partner Lust habt, könnt ihr natürlich probieren, zwei Diabolos gleichzeitig auszutauschen. Sprecht ab, wer tief und wer hoch werfen soll und wann ihr loswerft. Eins, zwei, drei und werfen.

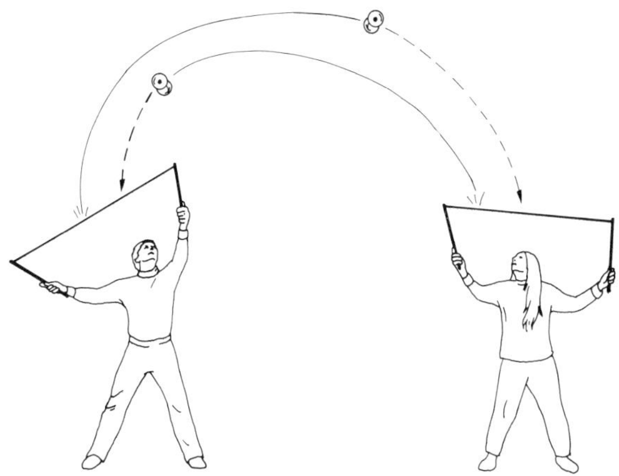

Jonglieren mit drei Diabolos

Besonders mutige Spieler wollen vielleicht ausprobieren, zu zweit drei Diabolos in der Kaskade zu jonglieren. Michael und Karin aus Berlin zeigen uns, wie es geht.

Abnehmen
Übernimm doch selber die Initiative statt darauf zu warten, daß dir dein Partner zuwirft. Nimm ihm das Diabolo ab. Halte deine Schnur gespannt und lege sie unter die Achse, ziehe nach oben und hebe das Diabolo von der Schnur des Partners herunter. Für dieses Abnehmen steht ihr gegenüber und einer von beiden muß mit links andrehen.

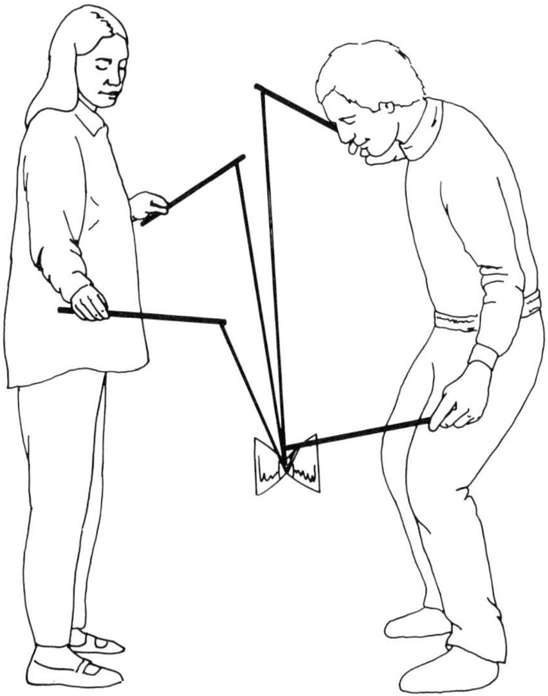

Beim Abnehmen von hinten können beide Spieler mit rechts andrehen. Du mußt zwischen den Armen deines Partners auftauchen, damit die beiden Schnüre sich nicht verknoten. Oder du kannst dir einfach die beiden Handstöcke deines Partners schnappen.

Weitergeben
Als weitere schöne Methode, das Diabolo zu übergeben, kannst du es von deiner über den Kopf gespannten Schnur auf die Schnur des Partners rollen lassen. Wenn du es langsam genug rollen lassen kannst und deine Füße schnell genug sind, kannst du auf die andere Seite laufen und das Diabolo wieder übernehmen und so weiter. Vielleicht möchtet ihr das mit drei oder mehr Spielern in einer langen Reihe ausprobieren.

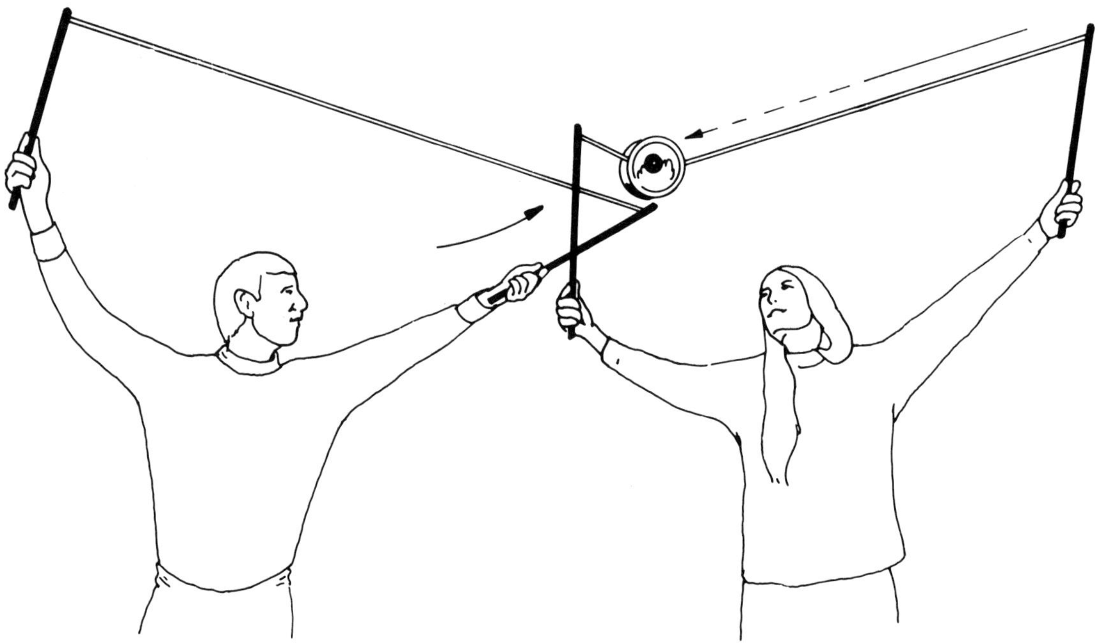

Diabolo-Tennis

In Frankreich war das einmal ein so beliebtes Spiel, daß manche befürchteten, es würde Tischtennis in den Schatten stellen.

Mit folgenden Ausnahmen gelten die meisten Standardregeln des Tennis. Die Spieler benutzen nur das hintere Spielfeld. Für den Aufschlag mußt du die eine oder andere Seitenlinie anschauen, so daß die Räder des Diabolos parallel zu den Seiten des Feldes sind.

Du darfst das Diabolo nicht werfen, bevor es nicht gut und sicher läuft. Wenn das Diabolo in der Luft wackelt oder kippt, verliert der Werfer einen Punkt.

Für historisch Interessierte: die offiziellen Maße des alten französischen Diabolo-Tennisplatzes waren 35 m mal 10 m. Je 10 m von der Grundlinie wurden Linien gezogen, so daß zwei quadratische Felder von 10 m mal 10 m entstanden. Das Netz war zweimal so hoch wie ein Tennisnetz, also fast 2 m.

Um den Platz besser auszunützen, wirst du in beide Richtungen stehen wollen. Wenn du dich in diesem Sport hervortun willst, ist es also von großem Vorteil, das Diabolo sowohl mit rechts als auch mit links andrehen zu können.

Diabolo-Tennis, anyone?

Viertes Kapitel

Die Geschichte des Diabolos

Zwei Fragen müssen beantwortet werden, wenn man die Geschichte des Diabolos oder irgend eines anderen Spielzeuges betrachtet. Woher kommt es und wie kam es zu seiner Verbreitung und Beliebtheit?

Wie bei allen elementaren Spielzeugen ist die Herkunft des Diabolos unbekannt. Es wäre genauso schwierig, die Herkunft des Balles oder des Kreisels zurückzuverfolgen. Die meisten Quellen sind sich einig, daß das Diabolo ein chinesisches Spielzeug ist, das hunderte oder gar tausende von Jahren alt ist. Aber es gibt auch jene, die meinen, das Diabolo hätte in einer schwereren, massiveren Form seinen Ursprung in Afrika.

Da die Geschichte so ungenau ist, mußt du mich noch eine Weile gewähren lassen. Ich werde versuchen, alle verschiedenen Ansichten darzustellen und ihre Widersprüche klarzumachen und meine eigenen Schlußfolgerungen und Meinungen kundzutun. Deshalb werde ich manchmal abschweifen. Aber es lohnt sich, dich durch das Kapitel zu schleppen. Ich habe die Bibliographie des Diabolos so komplett wie möglich gemacht.

Erster Abstecher: nach Afrika

Schauen wir uns also die erste Unstimmigkeit an. D. W. Gould erwähnt in seinem Buch *The Top* die Möglichkeit, daß in Afrika Diabolo gespielt wurde. Er erwähnt eine Zeichnung von Griaule, in der ein zylindrisches Diabolo abgebildet wird, das so aussieht als wäre es sehr schwierig zu spielen.[1] Das französische Buch *Diabolo Pour Tous* bespricht ebenfalls afrikanische Diabolos.[2]

Namen sind Schall und Rauch

Mr. Gould benutzt zur Beschreibung des Spielzeugs einen anderen Namen, »diavolo«. Dieser zweite Namen bedeutet

»zwei Teile im Flug«. Andere Quellen benutzen diesen Namen auch, aber sie sind eine klare Minderheit.[3]

In China heißt das Diabolo »kouengen«, »kouen gen« oder »k'ung-chung«.[4] Mir ist in westlichen Quellen meistens »kouen gen« begegnet, aber nach meiner Information ist »k'ung-chung« die gebräuchlichere Form in chinesischen Texten. Soweit ich das beurteilen kann, ist das ein historischer Zufall.

Obwohl die geschriebenen Zeichen des Mandarin in allen Provinzen gleich sind, gibt es keine formale, einheitliche Lautübersetzung aus dem Chinesischen ins Englische oder irgendeine romanische Sprache. Das liegt an der verschiedenen Aussprache der gleichen Schriftzeichen. Mehrere Chinaexperten sagten mir, daß »kouen gen« die Übersetzung eines sehr südlichen Dialektes sei.

Die Verbreitung dieser Übersetzung im Westen hat, glaube ich, eher damit zu tun, daß sich spätere Forscher auf das frühe Buch von Monsieur Bertin *La Chine en Miniature* stützen und somit auf seine Wahl der Schreibweise, im Gegensatz zu der gebräuchlichen in China. Das ist so, als würde ein ausländischer Besucher von München zu Hause mit dem Akzent von Luis Tränker erzählen, daß alle Deutschen nur Weißwürste essen statt Frankfurter Würstchen oder Kieler Sprotten.

Manchmal wird »k'ung-chung« mit »Ziehen und Strecken der Glocken« oder »hohle, schimmernde Glocke« übersetzt.[5] Eine weitere Übersetzung nennt es »Spielen mit dem leeren Bambus«. Die chinesische Version des Diabolos pfeift, wenn es sich dreht. In den Händen eines erfahrenen Spielers kann es sehr laut werden.

Man kann sich leicht vorstellen, wie so ein einfaches Spielzeug in die darstellende Kunst aufgenommen wurde. Sicherlich gab es einige Menschen, die dank ihres Naturtalents oder ihres Strebens nach Perfektion besser als der durchschnittliche

Spieler wurden. An besonderen Feiertagen oder Festen wurden sie gebeten, etwas anzugeben und ihre Fähigkeiten mit dem Diabolo zu zeigen. Auf diese Art wurde das Volksspielzeug zu einem Künstlerrequisit aufgewertet.

Heute wird in ganz China zu den Neujahrsfeiern Diabolo gespielt. In jeder Straße und Gasse kannst du den musikalischen Ton des Diabolos hören.[6]

Mit anderen Spielzeugen konnten wir das gleiche beobachten. Frisbeespieler halten Wettbewerbe ab, in denen die besten Werfer in mehreren Kategorien gegeneinander antreten. Professionelle Teams von Frisbeespielern reisen um die Welt und veranstalten mit der fliegenden Scheibe Shows. Vor einigen Jahren gab es in ähnlicher Form professionelle JoJo und Kreiselspieler, die von der Firma Duncan gesponsert wurden.

Ein gutes Spielzeug läßt sich nicht unterkriegen

Wir sind heute in der glücklichen Lage, die Erneuerung des Diabolos und anderer Zirkus- und Jongliernummern in der Volksrepublik China mitzubekommen. Am 1. Oktober 1950, dem ersten Jahrestag der chinesischen Befreiung, sahen Vorsitzender Mao Tse-Tung und Premierminister Chou En-lai eine Privatvorstellung von zirkusverwandten Künsten in Peking. Mit dieser Vorstellung begann ein nationales Programm zur Unterstützung der Zirkuskünste und Akrobatiktruppen.[7]

Dieses Programm war sehr erfolgreich. Zirkustruppen werden nicht nur von den Stadt-, Kreis- und Provinzregierungen im ganzen Land unterstützt, sondern die Nachfrage nach dem alten Unterhaltungsstil ist so groß, daß manche Truppen von der Armee, landwirtschaftliche Kommunen oder großen Industriekonzernen gesponsert werden. Heute sind über achtzig solcher

Truppen in ganz China aktiv.[8] Die meisten Truppen beherrschen ein Standardprogramm, das der Tradition der »einhundert Unterhaltungen« entnommen ist, bevor sie sich auf einen bestimmten Stil oder ein Requisit spezialisieren. Die Shenyang-Truppe spezialisierte sich auf Devil Stick, die Truppe in Kanton auf Balance usw.

Ausbreitung nach Westen

Obwohl es vereinzelte Hinweise darauf gibt, daß das Diabolo schon 1400 n. Chr. in Europa beliebt war, konnte ich nicht viele Beweise für dieses frühe Datum finden. Eine Quelle behauptet sogar, daß sie nicht vor 1700 in China entstanden.[9]

Man kann ziemlich sicher behaupten, daß Diabolos um 1700 in Europa auftauchten. Zu dieser Zeit hatten die Regierungen in Europa ein großes Interesse, den Handel mit dem Orient und anderen Teilen der Welt zu entwickeln. Während europäische Schiffe in der östlichen Hafenstadt Shanghai anlegen und Handel treiben durften, sperrte der Kaiser das Inland von China für ausländische Händler.

Lord George Earl Macartney war der Anführer einer englischen Expedition im Jahre 1794, deren Aufgabe es war, im Inneren des Landes eine Botschaft zu errichten, um die wirtschaftlichen Beziehungen mit ganz China langfristig aufzubauen. Obwohl die Reise nicht erfolgreich war und die Gruppe nur 67 Tage bleiben durfte, bis sie vom Kaiser gebeten wurde, abzureisen, bekamen die Teilnehmer einen Einblick in das alltägliche Leben der Chinesen, der vorher nur wenigen Europäern zuteil wurde.[10]

Die Tatsache, daß nicht nur Lord Macartney, sondern auch einige andere Mitglieder der Expedition ihre Tagebücher und Berichte veröffentlichten, ist ein Beweis für das Interesse der Europäer am Orient. Nebenbei bemerkt, George Staunton, einer der Teilnehmer, der auch einen Bericht der

Reise niederschrieb, wurde später mit einem ähnlichen Expeditionsbericht berühmt, nämlich der *Meuterei auf der ›Bounty‹*.

Der Reiz des chinesischen Drehspielzeugs war so groß, und Lord Macartneys Scheitern in bezug auf die Botschaft war so schmählich, daß sarkastische Sozialkritiker die Einführung des Diabolos in England als das lohnendste Resultat seiner Reise bezeichneten. Einer bemerkte: »Und das (das Diabolo) war der ganze Nutzen, den Europa aus der Botschafterzeit des Lord Macartney zog.« [11]

1796 war Adrian Houcksgeet Van Braam der offizielle Chronist einer ähnlichen diplomatischen Mission, die eine Handelsniederlassung der Holländer in China aufbauen sollte.[12] Die Mission war schließlich wieder ein Mißerfolg, aber verschiedene Teilnehmer der Reise veröffentlichten in Europa Berichte über das Leben in China.

Einige Jahre später schickten französische Missionare, die in China stationiert waren, Beschreibungen und Gegenstände des chinesischen Lebens zu einem Freund in der französischen Regierung, Monsieur Bertin. 1812 hatte er genug Informationen gesammelt, um sein Buch *La Chine en Miniature* (»China in Kurzfassung«) zu veröffentlichen, einen Reiseführer für die Franzosen über den Alltag der Chinesen. In diesem Buch wurde das Diabolo als Gegenstand erwähnt, den die Hausierer benutzten, um Kundschaft anzulocken.

Ich möchte noch ein weiteres traditionelles chinesisches Spielzeug erwähnen, den Devil Stick. Hier werden ebenfalls zwei Handstöcke benutzt, um einen dritten, eieruhrförmigen Gegenstand zu manipulieren. Der Devil Stick ist viel länger und dünner als das Diabolo, und an den Handstöcken ist keine Schnur angebracht. Die Bewegung ist ein Hin- und Herschlagen statt Andrehen.

Es liegt auf der Hand, daß der Devil Stick

und das Diabolo verwandt sind: ihre Namen haben die gleiche Herkunft, das Aussehen stimmt überein und sie werden ähnlich bewegt (schließlich ist das Pendel nur ein Kreisel, der nie die Chance bekommt, einen vollen Kreis zu beschreiben). Ich stelle sie mir gerne als Cousins vor. Daß es vergleichsweise zum Diabolo wenige Hinweise auf Devil Sticks gibt, liegt meines Erachtens daran, daß es viel schwieriger ist, das Spiel damit zu lernen und zu kontrollieren und es deshalb in der Bevölkerung nicht so beliebt wurde.

1813 kündigt ein Werbehandzettel einer Berliner Theatershow »die Vorstellung des chinesischen Stockspiels mit Medua und Mooty Samme« an.[13] Das bezieht sich höchstwahrscheinlich auf den Devil Stick, und wir sehen wiederum das Interesse der Europäer an dem Orient. Der Vollständigkeit halber: im Chinesischen heißt der Devil Stick »hua kun«.

All diese Botschafter, Missionare und Regierungsbeamten waren sehr gebildet. Sie mußten es sogar sein, um ihre angesehenen und verantwortungsvollen Positionen einzunehmen. Der Stil ihrer Berichte macht den Eindruck, als wären sie auch sehr chauvinistisch gewesen, als hätten sie sich und die europäische Kultur weit über die heidnischen Chinesen gestellt. Man kann sich ihr Verlangen, Gegenstände aus China mitzubringen, gut vorstellen, aber sie scheinen es aus dem Verlangen, Kuriositäten und Krimskrams auszutauschen, getan zu haben und nicht aus einem ernsthaften Interesse an der Sammlung bedeutender Kulturobjekte.

Versuche es mal mit Griechisch

Mit dieser Einstellung muß man sich nicht an den original chinesischen Namen halten. Stattdessen entschieden sie, ihre eigenen Bezeichnungen zu erfinden, ein Zeichen der Belesenheit. Also wurde den Spielzeugen griechische Namen gegeben.

Im Griechischen bedeutet der Begriff »diaballo« »herüberwerfen«. Es ist eine

Kombination aus »dia«, was »herüber« oder »durch« heißt (vgl. »Diagonale«, ein Schrägstrich, der sich von einer Ecke zur anderen zieht; oder »Diapositiv«, eine durchsichtige Abbildung), und »bolla« ursprünglich »ballo«, »Werfen«. (Das moderne Wort »Ballistik«, für die Wissenschaft, die sich mit den Eigenschaften geworfener Gegenstände beschäftigt, stammt von der gleichen griechischen Wurzel.)

Wahrscheinlich wurden beide Spielzeuge für eine Weile mit verschiedenen Namen benannt, chinesisches Stockspiel, chinesisches Jojo, diaballo, hua kun, Kouen gen. Mit der Zeit wurde die drehende Version des chinesischen Spielzeugs zum »Diabolo«, während die geschlagene Version als Devil Stick ins Englische einging.

Es ist interessant festzuhalten, daß der Begriff »Teufel« selber auch aus diesem griechischen »diaballo« stammt, was »herüberwerfen« bedeutet. Diaballo hat im Griechischen noch eine weitere Bedeutung, nämlich »verleumden«, »schlecht über jemanden reden«. Wenn jemand nicht »gerade heraus« mit dir, sondern hinter vorgehaltener Hand mit seinem Nachbarn über dich redet, dann ist das im wesentlichen eine Verleumdung, und das ist wiederum »diabolisch«, also teuflisch.

Dieser Verleumder (diabolos) kommt in der frühen griechischen Bibel vor. Als Jesus Christus für vierzig Tage und Nächte in der Wüste fastet, wird er von diabolos in Versuchung geführt (Matthäus IV, 1). Der Begriff wurde im Laufe der Zeit präziser: aus dem Verleumder als bösem Geist wurde der böse Geist schlechthin, nämlich Satan, der nichts gutes sagen kann. Im Spanischen haben wir »el diablo«, im Französischen »le diable«, im Italienischen »il diavolo« und im Englischen »devil«.

Von der chinesischen hohlen Glocke sind wir nur über die griechische Sprache als Herüberwerfspielzeug beim modernen Diabolo gelandet. Wie immer du es auch nennen willst, es macht auf jeden Fall Spaß.

Das Diabolo wurde auch »der Teufel an zwei Schnüren« genannt, im Französischen »le diable boiteaux«.[14] Eine bessere Übersetzung wäre vielleicht »der Teufel auf Krücken oder Stelzen«. Da die zwei Handstöcke in dem Spiel so auffallen, ist leicht zu verstehen, wie der Name gebraucht werden könnte. Offenbar bezieht sich das auch auf ein kulturelles Idiom. In einigen europäischen Volksmärchen trägt der Satan bei seiner winterlichen Verkleidung Holzstelzen, um zwischen den Menschen unentdeckt zu bleiben. Ohne die Stelzen würden seine Hufe Spuren im Schnee hinterlassen und so seine wahre Identität preisgeben. Henri René Le Sage schrieb in Frankreich das beliebte Theaterstück *Le Diable Boiteaux*. Es handelt davon, wie der Teufel, Asmadeus, in einer Stadt ein Chaos verursacht, indem er allen Nachbarn gegenseitig die privaten Familiengespräche weitererzählt.

Da wir nun das Geheimnis des Namens gelüftet haben, können wir mit den Höhen und Tiefen der Geschichte dieses faszinierenden Spielzeugs fortfahren.

1816 taucht das Diabolo in dem Buch *Le Jeux de Quatre Saisons* als beliebte Freizeitbeschäftigung von Kindern auf.[15] Andere Quellen beschreiben, daß nicht nur Kindern, sondern auch Erwachsene Spaß an dem Spiel hatten. Um diese Zeit erfaßte das Diabolofieber die Oberschicht Frankreichs als Gesellschaftsspiel. Es wird berichtet, daß die Diabolos aus Glas waren. Die Franzosen bauten an das Ende der Handstöcke einen Haken, mit dem das Diabolo gefangen und andere Variationen gespielt werden konnten.

Illustrationen aus dieser Zeit zeigen reiche Damen und Herren, die dieses Spiel spielen. In diesen Bildern liegt ein Hauch sozialer Satire auf Kosten der Oberschicht. Eine Zeichnung zeigt zum Beispiel mehrere übergewichtige Herren, die in die Luft gedreht werden, als wären sie Diabolos. Vielleicht liegt das an den engen

Verbindungen des Diabolos zum JoJo. Etwa zur selben Zeit erhält das JoJo den Französischen Namen l'emigrette, dies war ein abfälliger Begriff für die müssige Zeit der Elite, die sich mit dem Spielzeug beschäftigte und schließlich gezwungen wurde, vor der Französischen Revolution zu fliehen.

Offensichtlich setzten sich Diabolospieler nicht nur der Sozialkritik, sondern auch der Gefahr für ihre persönliche Sicherheit und ihren Besitz aus. Der französische Historiker Henri d'Allemagne schreibt: »Das Diabolospiel tauchte 1812 auf. Es wurde schnell zur Leidenschaft, nicht nur bei Kindern, sondern auch bei ernsten Herren und eleganten Damen, die miteinander wetteiferten, um ihr Können (oder Mangel dergleichen) darzustellen, was eine große Gefahr für teure Spiegel und mehr oder weniger wertvolle Köpfe bedeutete.[16]

In *The Top* erwähnt D. W. Gould die Existenz von speziellen Diabolovereinen im damaligen Paris, die solch exotische Namen wie Le Diabolo Club, Le Rochette, Le Devil Club und Club du Jeu de Diable hatten.[17]

Andere behaupten Napoleon hätte mit dem Spielzeug gespielt, und im Museum Carnavalet in Paris befindet sich ein Druck, der den kleinen General mit seinen Freunden spielend zeigt.[18] Der Film »Napoleon« von Abel Gance aus dem Jahre 1927, der vor einigen Jahren von den Zoetrope Studios restauriert und wieder herausgegeben wurde, enthält eine Sequenz, in der der junge Napoleon Diabolo spielt.

Das Diabolo kommt und geht wie alle Modeerscheinungen. Nachdem seine Popularität einst drohte, Tennis oder Tischtennis (die Quellen sind sich in diesem Punkt nicht einig) in den Schatten zu stellen, lag es für einige Jahre still.[19]

Mitte des achtzehnten Jahrhunderts schrieb Henri d'Allemagne mehrere Bücher über verschiedene historische und zeitgenössische Zeitvertreibe und Spiele

4313

der Franzosen. Diese alten Aufzeichnungen vermitteln mir den Eindruck, daß Henri d'Allemagne in den 1850er Jahren der Trivialhistoriker und -soziologe der Franzosen war. Er schrieb ein schönes Buch mit Farbillustrationen verschiedener Kartenspielstile.[20]

Das Diabolo wird in mehreren seiner Bücher ausführlich als beliebte Freizeitbeschäftigung beschrieben. Mir gefällt ein Farbdruck von »La Manière De Jouer au Diable« am besten, das einen Teufel zeigt, dem Dutzende von Diabolos aus dem Mund rollen. Den Rand zieren kleine Hände, die Tricks mit Namen wie »le promenade«, »l'ascencion a corde tendue« und »le cheval« vorführen.[21] Spätere Hinweise auf das Diabolo nennen es auch La Toupie D'Allemagne (D'Allemagnes Kreisel). Er hatte offenbar großen Einfluß.

Die Wiederentdeckung Anfang 1900

Das beliebte Spielzeug Diabolo starb zwar aus, aber nur, um kurz nach der Jahrhundertwende wiederentdeckt zu werden. Nach sechs Jahren Forschungsarbeit stellte Gustave Phillibart 1906 eine sehr verbesserte Version des Diabolo vor, das sich viel besser handhaben ließ als das alte Diabolo. Er meinte, daß sein neues, kegelförmiges Diabolo nicht nur das Lernen vereinfachte, sondern auch kompliziertere Tricks möglich machte. 1908 schrieben J. Hembert und P. Nivoix in Frankreich ein Buch *Le Diabolo pour Tous* (grob übersetzt »Diabolo für jedermann«), das verschiedene Variationen und Tricks erklärt. Die Autoren meinten, daß mit Monsieur Philliparts neuem, verbessertem Design die Diabolomanie diesmal länger anhalten könnte, weil mit dem Spielzeug neue Partnerspiele möglich wurden.[22]

David P. Ward veröffentlichte später im selben Jahr *Diabolo: The Game and its Tricks*, um die Varianten des französischen Stils nach England zu bringen. Er wollte nicht nur das Trickrepertoire der Engländer vergrößern, sondern war auch daran interessiert, das Spiel Diabolo-Tennis bekannt zu machen. Obwohl ich Mr. Ward's Eifer und Begeisterung verstehen kann, stehe ich seiner Behauptung, das Diabolo wäre tausende von Jahren alt und ein Vorläufer der Gyroskopen, mit denen moderne Torpedos ausgerüstet sind, etwas skeptisch gegenüber.[23]

Das Diabolo und die Wissenschaft

Ich möchte das gyroskopische Diabolo wegen meiner pazifistischen Natur gerne von den Torpedos trennen, aber ich kann nicht leugnen, daß Diabolos im Zusammenhang mit Gyroskopie in wissenschaftlichen Zeitschriften auftauchen. C. V. Boys z. B. schrieb mehrere Artikel für die »Scientific American« Beilage, in denen er nicht nur beschreibt, wie die Vor- und Zurückbewegung deiner Hand die Neigung eines kippenden Diabolos ausgleichen kann, sondern auch, wie du ein Diabolo bauen kannst, das nicht funktionieren kann. So weit ich das beurteilen kann, mußt du das Trägheitsmoment verändern, indem du eine äußere Achse hinzufügst.[24]

Das Auf und Ab der Popularität des Diabolos

Ich bin einigen Leuten begegnet, die das Diabolo aus ihrer Kindheit vor dreißig oder vierzig Jahren kannten, es mußte also in den 30er und 40er Jahren dieses Jahrhunderts eine kurze Phase der Beliebtheit erlebt haben. Im »Jugglers' Annual Bulletin« von 1951 fand ich das bestätigt. Hier werden die Maße eines Diabolos angegeben, das »vor 12 oder 15 Jahren« von den Parker Brothers gebaut wurde.[25]

Neuere Quellen erwähnen, daß die Parker Brothers 1967 ein weiteres Diabolo bauten.[26] Seitdem scheint es relativ in Vergessenheit geraten zu sein und wird nur noch von Jongleuren in Bewegung gehalten. Sie geben es in ihrer Tradition, Können auszutauschen, weiter und frustrierten sich gegenseitig mit neuen Tricks, die es zu lernen gilt.

Wird die Diabolomanie in den 90ern wieder ausbrechen? Man kann immer hoffen. Ich vermute, daß immer mal wieder das Interesse belebt wird.

Literaturhinweise:

1 The Top, D. W. Gould
2 Diabolo Pour Tous
3 The Top und andere Quellen, die wiedergefunden werden müssen.
4 Chinese Childhood
5 chinesische Textübersetzung
6 ebenda
7 »The Great Circus of China« (Programmheft, Kanada 1982), S. 5–6
8 ebenda
9 Chinese Childhood
10 Lord Macartney
11 The Top
12 Adrian Houcksgeet Van Braam
13 Ricky Jay »Letter to Editor«, Juggler's World 35 (März 1983): 23–24
14 Französisches Wörterbuch
15 Le jeux de Quatre Saisons
16 Henri d'Allemagne Scientific American Supplement No. 1670 übersetzt von La Nature 16, vom 4. Januar 1908
17 The Top
18 Toys of Other Days
19 Diskussion über Tennis und Tischtennis, in Circus Techniques von Hovey Burgess
20 Die Bücher von Henri d'Allemagne
21 Diabolodruck, The Top and Allemagne
22 Le Diabolo Pour Tous, J. Hembert und P. Nivioux
23 Diabolo: The Game and its »Tricks«
24 Scientific American Supplement
25 Jugglers' Annual Bulletin, S. 49, Auszüge aus David Wards Buch und Notizen von Gus Kiralfo, Copyright 1952, Roger Montandon, Herausgegeben von Montandon Magic, PO Box 711, Tulsa OK, S. 47–63
26 Roys of Other Days
27 Allemagne zitiert in Scientific American Beiheft

Ch'u Pan She, Chun-kuo Tsa chi i shu, Übers. Zhan Gao. (Shanghai, Shanghai Wani, 1959), p. 86

Lord George Macartney, An Embassy to China, (Amden, CN: Archon Books, 1963)

M. Bertin, La Chine en Miniature, (Paris: Nepuen Librairie, 1811)

Fünftes Kapitel

Diabolo spielen – warum?

Das Diabolo gehört zu der großen Familie der kreiselartigen Spielzeuge. Zu allen Zeiten haben Menschen an sich drehenden Gegenständen Gefallen und Unterhaltung gefunden. Angefangen von Kreiseln und JoJos, die man selber andreht, bis hin zu Riesenrädern und Karussells, in denen man gedreht wird, scheinen Kreisbewegungen allesamt faszinierend zu sein.

Meiner Meinung nach erfüllt das Spielen mit dem Diabolo die verschiedensten Zwecke. Du erkennst dich vielleicht in einer oder mehreren dieser Kategorien wieder.

Viele Menschen spielen aus purem Spaß und wegen der Unterhaltung, die das Diabolo bietet. Stelle es dir als eine aktive Form von Patience vor.

Andere nehmen das Diabolo mit in den Park und spielen Zuwerfen so wie Frisbeespieler. Eine schöne Art, den Nachmittag mit Freunden zu verbringen.

Du kannst dein Können mit dem Diabolo benutzen, um andere bei einem Picknick oder Festen zu beeindrucken und zu unterhalten. Nur zu, gib ein bißchen an.

Manche Leute konzentrieren sich vielleicht darauf, eine perfekte Nummer einzustudieren und mit dem Diabolo aufzutreten. Dein neues Hobby bringt dir vielleicht etwas Geld ein.

Vielleicht bist du der Typ, der sich gerne selber herausfordert und seine versteckten Möglichkeiten erforscht. Jedesmal, wenn du über eine neue Fähigkeit oder neue Tricks stolperst, siehst du es als eine besondere Gelegenheit an. Du kannst das Diabolo dazu nutzen, kilometerweites unentdecktes Territorium zu eröffnen.

Vergiß nicht, während du alle Möglichkeiten dieses Spielzeugs erforschst, dich selber zu erforschen. »Wie lerne ich am besten – aus einem Buch oder von anderen Menschen?« »Wann werde ich frustriert, und was tue ich, wenn ich frustriert bin?» Wenn du das Diabolospiel oder irgendeine andere neue Fähigkeit lernst, entdeckst du deine Stärken und Schwächen wieder. Beobachte deine Reaktionen auf Erfolg und Mißerfolg, wenn du neue Tricks ausprobierst.

Schließlich kannst du, um den Kreis zu schließen, dein Wissen mit anderen teilen. Wie wird der Schüler zum Lehrer? Wie kannst du die Spannung und den Spaß dieses Spiels anderen am besten weitergeben?

Sechstes Kapitel

Du und das Diabolo (Permanenter Anfänger sein)

Ich hoffe, daß dieses Buch nicht nur hilfreich war, indem es dir gezeigt hat, wie du mit deinem Diabolo spielen kannst, sondern daß es dir auch etwas von dem Spaß und der Magie dieses wunderbaren Spielzeugs vermittelt hat.

Glaube bitte nicht, daß hier alle möglichen Tricks und Variationen abgedeckt sind. Betrachte dies lieber als einen soliden Anfang für die Entwicklung deiner Kunst.

Ich bin mir sicher, daß es Tricks gibt, die in diesem Buch nicht erwähnt wurden, weil ich sie einfach nicht kenne. Es gibt außerdem Tricks, die hier nicht beschrieben sind, weil sie noch nicht erfunden wurden. Das ist deine Aufgabe.

Manche werden über dieses Anfängerstadium hinaus mit dem Diabolo spielen und entdecken. Vielleicht wirst du nicht nur neue Kombinationen von Tricks, sondern vollkommen neue Tricks erfinden. Bitte zeige sie mir. Manche werden mit dem Diabolo und anderen Jongleurrequisiten zu professionellen Artisten. Ich würde deine Show gerne sehen.

Du kannst das Diabolo als Einstieg in die Welt des Jonglierens benutzen. Die natürliche Steigerung sind andere kreiselartige Jonglierformen wie Kreisel, JoJos, Lasso, Tellerdrehen und Devil Stick. Oder vielleicht beginnst du mit »Wurfjonglage« oder anderen Manipulationen von Gegenständen.

Es gibt eine tolle Organisation, die International Jugglers Association, die ich sehr empfehlen kann. Sie bringt eine gute Zeitschrift heraus und hält große und kleine Treffen von Jongleuren in den USA ab. Schreibe an International Jugglers Association, PO Box 3707, Akron, Ohio 44314. Sage, daß Todd dich geschickt hat.

Manche möchten ihr Diabolospiel vielleicht mit Musik und Tanz verbinden. Andere wollen in Gruppen arbeiten und große Synchronnummern zeigen. Genieße das Abenteuer, was immer du gerade lernst.

Ich hoffe, dir gefällt dieses Buch und du hältst es für eine Hilfe, das Spiel mit dem Diabolo zu lernen. Glaube bitte nicht, daß es alle Möglichkeiten des Diabolos oder alle möglichen Tricks enthält. Es gibt so viele nicht erwähnte Tricks wie es Einfallsreichtum gibt, sie zu erfinden. Zur Zeit probiere ich gerade, wie man mit drei Diabolos gleichzeitig anfängt.

Kreisel und JoJos sind zwei naheliegende Bereiche, die man entdecken kann. Ich habe dir schon ein paar Ideen genannt und es gibt sicher noch mehr. Nicht ganz so naheliegend ist die Welt des Jonglierens. Es ist bei den Jongleuren üblich, die Tricks auszutauschen, es sollte also nicht so schwierig sein, ein paar Hinweise zu bekommen.

Wenn du die einzelnen Tricks beherrschst, solltest du auch deiner ganzen

Präsentation Aufmerksamkeit schenken. Welcher Trick scheint gut zu einem anderen zu passen? Du solltest deine Körperhaltung und Ausstrahlung genauso beachten wie deine Fähigkeit, Tricks vorzuführen. Sieht es gut aus? Es gibt in dem Bereich immer noch viel zu entdecken, bevor man in andere Bereiche vordringt.

Wenn du das Grundmuster verinnerlicht hast, kannst du dich umsehen, was sonst wie ein Diabolo funktionieren könnte. Versuche es mit einem JoJo oder einem Kreisel. Über einem gut gepolsterten Teppich lerne ich Cognac- und Weingläser anzudrehen.

Es muß möglich sein, das Diabolo in Schwanensee einzusetzen

Das Gegenstück zu verschiedenen Gegenständen wäre, das Diabolo in einem anderen Zusammenhang als dem hier erwähnten zu benutzen.

Vielleicht willst du das Diabolo in einen Tanz einbauen. Einige der Variationen und Bewegungen würden zu Musik sehr schön aussehen.

Kurz gesagt, dieses Buch ist ein Anfang. Wenn mein bescheidener Versuch Erfolg hat, wirst du fasziniert genug sein, einige dieser oder eigener Ideen auszuführen. Es gibt noch unendlich viele Möglichkeiten zu entdecken, und nichts kann dich bremsen. Diabolos sind billig, transportabel, haltbar, harmlos und faszinierend. Ein tolles Hobby.

Es gibt noch viele neue Möglichkeiten, selbst wenn du alle Tricks in diesem Buch beherrschst. Ich habe nach acht Jahren noch nicht alle Richtungen ausgeschöpft, in die ich weiterforschen möchte. Jedesmal, wenn ich das Diabolo in die Hand nehme, gibt es etwas Neues, was mich zum permanenten Anfänger macht.

Ist das nicht toll?

Les Sports.- Diabolo.

Katalog anfordern
KREATIV
PHANTASTISCH
VERSPIELTE
GESCHENKE
Spiel-,
Zauber-,
Jonglier- &
Theaterbedarf
Folkmanis
Handspielpuppen
SCHULSTR. 5
64283 DARMSTADT
FON: 06151-290500
FAX: 06151-295721
STILBRUCH